DEUX IDOLES SANGUINAIRES

La Révolution
ET SON FiLS
Bonaparte

Léon Daudet
de l'Académie Goncourt

DEUX IDOLES SANGUINAIRES

La Révolution
ET SON FiLS
Bonaparte

2020

Première édition
Albin Michel, 1939
22, rue Huyghens, 75014 Paris

ÉDiTiON ORiGiNALE NON CENSURéE

Exegi monumentum ære perennius
Un Serviteur Inutile, parmi les autres

Scan, OCR, corrections, Mise en page
6 décembre 2020
BAGLiS
Pour la **L**ibrairie **E**xcommuniée **N**umérique des **CU**rieux de **L**ire les **US**uels

*À la Haute Mémoire
de Georges Cadoudal.*

L. D.

Léon Daudet

(Paris 1867 — Saint-Rémy de Provence, 1942)

Fils d'Alphonse Daudet, journaliste et écrivain,
fondateur avec Charles Maurras du journal *Action Française* (1908).

CHAPITRE PREMIER

Causes et origines
de la Révolution de 1789

La plupart des premiers historiens qui aient parlé de la Révolution de 1789, sauf les Goncourt, se sont exprimés sur son compte avec un mélange de crainte et de respect. Michelet a écrit, en termes magnifiques, l'apologie absurde de la Révolution et de ses hommes. Le libéralisme a conclu qu'il y avait en elle du très bon, du très neuf et du mauvais, avec une finale de très mauvais, la Terreur. Par la suite Taine, que la Commune de Paris avait impressionné, insista sur l'absence du très bon, l'ensemble législatif des plus médiocres et la férocité bestiale des chefs, qu'il appela « les crocodiles. » Lenôtre, hostile à la Révolution, disait peu avant sa mort, à Octave Aubry :

« J'ai étudié la Révolution, dans les archives, depuis quarante ans. Je n'y comprends rien. »

Gaxotte enfin, le dernier historien en date de cette funeste crise politique et morale, a ramené à la toise les « crocodiles » et signalé leur médiocrité intellectuelle et morale. À mon tour je veux montrer que, conformément au mot de Clemenceau, la Révolution est un bloc… un bloc de bêtise, — d'âneries, eût dit Montaigne — de fumier et de sang. Sa forme virulente fut la Terreur. Sa forme atténuée est la démocratie actuelle avec le parlementarisme et le suffrage universel, et le choix, comme fête nationale, de l'immonde quatorze juillet, où commença, avec le mensonge de la Bastille, la promenade des têtes au bout des piques. Le quatorze juillet, véritable début de la période terroriste et complété par la grande peur. Date fatale au pays.

L'enseignement public, avec Aulard, son adversaire Albert Mathiez et compagnie, s'est efforcé d'établir sur la légende révolutionnaire, le dogme ridicule de la Révolution apportant au monde la liberté et la fraternité. En fait elle lui apporta, de 1792 à 1815, ce que Maurras a appelé la guerre de vingt-trois ans. Car Bonaparte, fils de la Révolution, continua son œuvre les armes à la main, prétendit imposer à l'Europe l'idéologie de Rousseau et sacrifia des millions d'hommes au Moloch de 1789. Ce fut la croisade de néant. Deux noms, Trafalgar et Waterloo marquant les résultats.

Le tableau que je vais tracer aujourd'hui de ce temps de folie est inspire des plus récents travaux. Il comporte encore bien des lacunes, du fait que les archives notariées demeurent fermées à partir de 1789. Bonne précaution quant aux avatars des fortunes privées et des biens familiaux, où s'exerça ce que Mathiez a appelé « la corruption parlementaire » de l'époque. Corruption non seulement parlementaire, mais policière, à laquelle présida, avec Chabot et quelques autres, le comité de Sûreté générale, dit, avec le comité de salut publie, comité du gouvernement.

La Révolution est d'abord une guerre de religion, la guerre de l'athéisme matérialiste contre l'Église romaine, à laquelle présida et préluda l'Encyclopédie de Voltaire — « écrasons l'Infâme » —, de Diderot (*La Religieuse*), et de d'Alembert, jointe au naturisme de Jean-Jacques Rousseau, aux thèses et considérations de Condillac et d'Helvétius, aux parlotes du salon d'Holbach, aux débuts de la maçonnerie mondaine et des sociétés de pensée, récemment signalées par Cochin, telle fut la première origine des clubs, où se croisent et se mêlent toutes les formes de l'antichristianisme et de l'irréligion dans son ensemble. Clubs philosophiques et politiques, qui l'emporteront au sein des assemblées — le club breton donnera naissance aux jacobins — et accéléreront le passage de la discussion à l'action, du principe de la souveraineté populaire à la tyrannie des masses, c'est-à-dire de la tourbe, et aux horreurs des massacres et de la guillotine en permanence. Il fallut environ cinquante ans pour que cette transformation s'accomplit suivant un processus pathologique qui vaut pour les corps sociaux (Balzac en a fait la remarque) comme pour le corps humain et atteste la conjonction profonde de l'organique et du spirituel.

Ce qui fait l'importance de cette guerre de religion, c'est la compression par le clergé et la noblesse, l'un et l'autre aveugles, de ce Tiers État, représentant de la bourgeoisie et de l'artisanat, de l'immense classe moyenne, qui n'étant rien — suivant un mot fameux — veut être illico tout. La tension, comme il arrive, s'était aggravée brusquement et, aux États Généraux de 1789, la Constituante était déjà dans les esprits, d'où sortirent logiquement, ou peut-être automatiquement, la Législative, puis la Convention, élue au suffrage universel.

Mais un puissant élément de trouble agit en même temps que l'Évangile matérialiste et que la sentimentalité aberrante de Rousseau. Je veux parler de l'intrigue de Cour menée contre la monarchie des Bourbons, le roi Louis XVI et la reine Marie-Antoinette, par la faction du Palais d'Orléans, Philippe d'Orléans, par la suite Philippe-Égalité ; et son mauvais et pervers conseiller Choderlos de Laclos, demeuré dans l'ombre jusqu'à ces derniers temps et aux travaux de M. Dard. Cette intrigue avait pour objet l'arrivée au pouvoir dudit Philippe et de la clique d'hommes et de femmes qui constituait son entourage, deux intrigantes comme Mme de Genlis (le salon de Bellechasse, où figurait déjà Barère) et Mme de Buffon. Il peut se trouver que les Cours soient la perdition des souverains dont elles faussent le jugement, quand elles ne leur masquent pas la vérité. Cela, le roi Louis XI l'avait compris, mais il arriva à ses successeurs de l'oublier. De même leurs légats et cardinaux empêchèrent les papes du XVIe de voir venir Luther et la Réforme :

« Ce n'est rien, Votre Sainteté, qu'un moine crasseux. »
Or le moine crasseux fendit l'Église en deux.

Le duc d'Orléans détestait la reine Marie-Antoinette, sans doute pour l'avoir trop désirée. Il était ardemment anglophile et fut portraituré par Reynolds. Il faisait de fréquents séjours à Londres, s'était lié avec le dauphin d'Angleterre. Laclos attisait ses ambitions, lui procurait des *Liaisons dangereuses*, selon le titre de son fameux ouvrage, où une certaine science tactique s'impose aux jeux de l'amour et de la cruauté. Par ses boutiques du Palais Royal, où s'installèrent, avec son agrément, le jeu et la prostitution, s'ajoutant à ses immenses revenus, ce prince devint patron de bordel, comme on dit en argot, « *tôlier* » avec les sentiments abjects d'un tel personnage, greffés sur de bonnes et séduisantes manières. Nous ne connaissons pas encore le fond de ses agissements.

Quand, on perquisitionna au Palais Royal, lors de sa déchéance politique, on trouva chez Philippe-Égalité un bric-à-brac de débauche et de sadisme qui ne laissait aucun doute sur ses occupations habituelles. Il était, comme son aïeul le régent, un dégénéré, mais le régent était un érotique aimable et courtois, alors que son descendant était, de degré en degré, devenu infâme et capable, avec son Laclos, des pires combinaisons pour aboutir au pouvoir. Ces deux lascars, le patron et le secrétaire, formaient un complot en permanence et que laissa faire le débonnaire Louis XVI, au lieu de les livrer au bourreau.

Ces raisons n'expliqueraient pas entièrement la mise en train de la Révolution, si l'on n'y ajoutait une sensibilisation générale, accompagnée de sentimentalité larmoyante, signalée par les Goncourt dans leurs travaux historiques, notamment dans la *Femme au XVIIIe siècle*, où l'on voit des vieilles dames de la société, converties à l'athéisme, mourir sans confession, avec une indifférence absolue et une attitude de bravade railleuse devant leur propre trépas.

Quand la catastrophe se produisit, elle était pressentie depuis plusieurs années d'une euphorie appelée depuis « *la douceur de vivre.* » Ces courants, mi-intellectuels, mi-sensibles, que j'ai nommé les Universaux, avaient agi.

Sans accorder à la maçonnerie un rôle de premier rang dans la Révolution comme le firent l'abbé Barruel dans son fameux ouvrage sur le Jacobinisme, et à sa suite Gustave Bord, il faut reconnaître qu'elle poussa à la roue. Le duc d'Orléans était bien entendu grand maître de la nouvelle secte, appartenant à cette catégorie de princes qui croient arriver par la gauche. Il n'arriva ainsi qu'à la guillotine, un mois environ après celle qu'il avait tant poursuivie de sa haine, après Marie-Antoinette.

Mais jusqu'à l'historien Louis Mortimer Ternaux (1881) auteur d'une *Histoire de la Terreur*, aujourd'hui introuvable, en huit volumes, on avait ignoré ou méconnu le rôle capital de la Sûreté générale de 1790 à 1795 et au-delà. Louis Mortimer Ternaux a montré ces hommes de bureau, quasi anonymes, dissimulés derrière l'amas de leurs rapports, dossiers, comptes rendus et paperasses, n'apparaissant jamais sur la grande scène politique, laissant à d'autres la place en vue, manœuvrant dans la coulisse, par les stupres connus d'eux, le chantage et l'intrigue feutrée, les tribuns et les partis, les Girondins comme les Montagnards, les précipitant, les heurtant les uns contre les autres et les amenant à s'entre-dévorer. Le seul Barère — peint à miracle par Macaulay — s'est joué de la Sûreté générale et cela jusqu'au moment où, par un revirement du sort, il tomba entre ses griffes.

Nous retrouverons son action au 9 thermidor.

Le comité de cette bande ténébreuse se renouvelait assez fréquemment, sauf pour deux ou trois d'entre eux, dont Alquier, le compère et protecteur de Laclos, affilié luimême à la confrérie. L'assassinat policier de mon fils Philippe Daudet à l'âge de quatorze ans et demi, fait que pendant des années je me suis intéressé à l'histoire administrative de la Sûreté générale (1).

L'ouvrage capital de Louis Mortimer Ternaux, sans lequel il est impossible de comprendre un mot à la Terreur, a été passé sous silence par la critique historique et mis complètement sous le boisseau, on devine pourquoi : la frousse inspirée par « ces messieurs. »

Il est évident que sans le concours de la police politique, acquise aux « idées nouvelles », qui avait enveloppé Paris et la France entière d'un réseau de mouchards et d'indicateurs, ni le duc d'Orléans, ni Laclos n'eussent pu exécuter leurs coups majeurs des 5 et 6 octobre 1789 et du 20 juin 1792, prélude à la journée du 10 août. De même les journées d'octobre 1917 de la Révolution russe furent en grande partie l'œuvre de l'Okrana, transformée, lors de la victoire rouge, en Tchéka. La Révolution russe, qui dure encore à l'heure où j'écris, a été calquée sur la Révolution de 1789-1794.

L'Angleterre — les Goncourt l'avaient bien vu — en voulait à mort à Louis XVI d'avoir une marine et d'avoir soutenu l'indépendance américaine. Elle redoutait Marie-Antoinette et l'alliance franco-autrichienne. Marie-Antoinette, de son côté, disait de Pitt :

« Il me fait froid dans le dos. »

C'est à Londres que fonctionna d'abord l'officine des plus ignobles pamphlets contre la reine. À Londres que s'installa la policière de La Motte Valois, l'agencière de l'affaire du collier. Mais, par la suite, le danger de la Révolution (voir les terribles dessins de Gillray) apparut au gouvernement britannique et il changea de tactique. En fait la rapidité des événements de Paris surprit l'Europe qui n'y comprenait rien et mit un certain temps à ouvrir les yeux. Les choses s'éclairèrent complètement avec Bonaparte. Les nations, du fait de la

---

1. — J'ai consigné mes observations dans deux ouvrages documentaires : *la Police Politique et Magistrats et Policiers*.

différence des langages et des habitudes, sont impénétrables les unes aux autres.

Le mauvais état des finances, exploité par les ennemis du « Château », fut une cause seconde de l'irritation, puis de la colère, puis de la fureur contre les souverains français. La grande idée du duc d'Orléans et de Laclos fut d'organiser des disettes et des famines artificielles dans Paris en agissant sur les boulangeries. Un service fut organisé à cet effet et qui coûta aux scélérats des sommes énormes. Ce fut l'origine des premières manifestations populaires auxquelles Louis XVI crut mettre fin par la convocation des États généraux. La reine conseilla d'y admettre le Tiers ordre, ce à quoi de nombreux membres de la noblesse étaient naturellement opposés. Lors de la réunion de mai 1789, à laquelle elle assistait, belle et triste comme une déesse douloureuse, chacun remarqua son inquiétude, son angoisse. Mais on les mit sur le compte de la santé chancelante du premier dauphin. C'est lui qui voyant défiler le cortège, avait murmuré au passage du Tiers :

« Oh ! maman, tous ces hommes noirs ! »

Ils allaient en effet, ces hommes noirs, en faire de belles !

Qui dit assemblée délibérante — et la Constituante fut telle dès le début — dit organisation des partis. Certains des députés voulaient des réformes, sans trop savoir en quoi celles-ci consisteraient. D'autres souhaitaient une monarchie constitutionnelle avec le duc d'Orléans. D'autres enfin voulaient déjà la République et leurs vœux coïncidaient avec ceux de la populace qui aspirait à la possession des richesses indûment détenues, assurait-on par quelques privilégiés. L'idéologie révolutionnaire tend presque instantanément — les premières positions une fois prises — à l'expropriation des possédants, soit par la loi, soit par la force. Le premier procédé paraissant trop lent, c'est au second qu'on a recours. Les ailes de la prétendue liberté cassent rapidement et l'on retombe sur le sol par la rapine.

De ceci quelques-uns se doutèrent dès le début des troubles, avec ce flair particulier en vase clos que donne le coude à coude parlementaire. Alors que les Girondins, perdus d'illusions, se lançaient dans les nuées de la phraséologie, les Montagnards envisagèrent aussitôt, avec un puissant réalisme, la transmission de l'autorité,, dont serait dépossédée la monarchie, à la foule anonyme des déshérités. Marat fut ainsi le véritable fondateur de la dictature du prolétariat, dictateur d'ailleurs théorique, vu l'importance immédiate des meneurs du -jeu et bénéficiaires de la convulsion sociale.

C'est ainsi que la Révolution, et sa suite la dictature, ont substitué aux abus, certains mais facilement réparables, de la monarchie, des abus bien pires et que le régime électif rendra anonymes et irréparables. Tout ceci est aujourd'hui fort clair, mais en 1789 les plus instruits n'y voyaient goutte et ils attribuaient au pouvoir royal des méfaits qui ne dépendaient pas de lui, dont il n'était pas responsable et qu'avec l'appui des meilleurs l'eût aisément combattu. C'est cet immense malentendu qu'exploita à fond un Robespierre et qui fit de lui à un moment donné, un véritable dictateur, inconscient du gouffre où il était lui-même entraîné par la giration générale des appétits déchaînés.

La liberté, c'est avec ce mot magique que les premiers artisans de la Révolution ont entraîné les foules. Chacun de nous souhaite d'être libre — je parle pour la France — et a horreur de la contrainte. Mais c'est là une aspiration de la conscience et, en fait, aucun de nous n'est libre, retenu et contenu qu'il est par les mœurs, les lois, les devoirs de famille ou d'État, la croyance, la superstition, les scrupules, tous les contacts de la vie sociale, toutes les misères de la santé, tous les liens de l'habitude, toutes les affections. L'idéologie de la liberté abstraite et non des libertés concrètes est ainsi une chimère et ne saurait aboutir qu'à l'âpre désillusion de l'anarchie ou, chez les mauvaises natures, chez les natures simplement passionnées, au rapt et au crime.

L'égalité, n'en parlons pas, car elle n'existe ni n'existera jamais dans la nature physique, ni dans la nature humaine, où tout repose sur la diversité et la hiérarchie.

L'égalité, c'est le néant.

Quant à la fraternité, c'est le christianisme qui l'a révélée au monde sous le nom de charité. Or, je viens de le dire, la Révolution est, par essence, antichrétienne.

Dès ses débuts elle s'en prit aux édifices et emblèmes religieux, aux prêtres, aux moines, aux sœurs de charité et, après la famille royale, c'est à la religion et à ses serviteurs que s'attaquent principalement les libelles si nombreux de l'époque. L'esprit dit « nouveau » avait pénétré certains couvents d'hommes et de femmes. Bientôt on allait connaître les prêtres assermentés ; soit que la crainte poussât ces malheureux à se soumettre aux tyrans du jour, soit que la confusion de leur esprit les précipitât dans l'erreur à la mode, ou leur représentât Notre-Seigneur Jésus-Christ comme le premier des révolutionnaires, puis, par la suite, des démocrates. Il est d'ailleurs à noter que ces adhésions cléricales ne détournèrent pas de son but la rage à la mode, acharnée contre les sacrements, les personnes et les images du culte.

C'est ce qui fit dire à Joseph de Maistre que la Révolution était satanique. Sans doute, en ceci que brisant les barrières morales et la plus forte de toutes, elle libérait les instincts sauvages, avec la sûreté et la précision d'une expérience de laboratoire.

Une sorte de griserie s'empara alors des esprits abusés et des foules, qui les précipita, pour commencer, aux fêtes et rassemblements civiques, où l'on célébrait, avec la liberté, la raison. Une belle fille, drapée de rouge, ou demi-nue, représentait ladite raison. C'est là que prit naissance un langage grotesque, ampoulé, spécifiquement vide, qui s'est prolongé dans les harangues politiques et électorales de nos jours, et dont Flaubert a immortalisé et ridiculisé les pontifs, dont

Jaurès avait repris la tradition, avec une sorte de ferveur lyrique.

Dans la « pathologie des corps sociaux », pour employer le langage de Balzac, la Révolution française tient certainement le premier rang et nous venons de voir qu'elle fut pluricausale et d'ailleurs aggravée par les circonstances extérieures, par la pression de l'étranger. C'est la thèse de la Défense, formulée par Aulard et Clemenceau, avec cette restriction que, dès ses débuts, cette convulsion avait un caractère de férocité, de barbarie, qui apparaît comme la suite de la sensualité savante du XVIIIe siècle.

Elle se propagea rapidement aux provinces qui, à l'Ouest (Bretagne et Vendée), puis, par la suite. Languedoc et Provence, réagirent vigoureusement, comme un tissu sain contre ses parties gangrenées. Alors que le reste du pays et la ville de Paris subissaient passivement, ou à peu près, l'imbécillité puis le délire révolutionnaires, ces provinces et leur population rurale et noble donnèrent au bon sens l'arme de la violence, sans laquelle on ne fait ici-bas rien de durable.

La chouannerie, la Vendée sauvèrent l'honneur national.

Le 25 juillet 1926 j'eus la joie, au site historique du Mont des Alouettes, près du bourg des Herbiers et du bois Chabot, de le crier à soixante-dix mille (chiffre officiel) paysans vendéens qui acclamèrent cette vérité avec enthousiasme. Cent quarante ans, à travers cinq générations, malgré tant de blagues et de mensonges, malgré les déformations de l'instruction laïque, leur loyalisme n'avait pas changé. Ce fait m'amusa d'autant plus qu'en 1907, dix-neuf années auparavant, Clemenceau avait, à la Roche-sur-Yon, harangué celui que la presse officielle qualifiait de « dernier chouan. »

La réaction est à la Révolution ce que la santé est au cancer.

Ces gens de l'Ouest et du Sud-Est, que j'appelle les princes paysans, et qui sont tels, en effet, n'acclament pas seulement le roi traditionnellement, et d'après les suggestions, toujours si fortes, du sang. Ils l'acclament encore parce que leur raison leur permet de comprendre et de comparer l'état actuel du pays après la dure victoire de 1918, et ce qu'il était devenu par le labeur et la sagesse des rois, à la veille de ce stupide et infâme bouleversement.

Parmi tant de médiocrités et de nullités célébrées depuis par le romantisme révolutionnaire, un seul homme de grand talent se révéla, mais dévoré par des sens impérieux, et comme tel talonné de besoins d'argent : Mirabeau. Né pour le régime d'assemblées, il avait le don de la parole et des réparties foudroyantes. Ses idées lui venaient « *au branle de sa voix, comme la foudre au son des cloches* », selon une métaphore fausse. Certains discours (l'impôt du tiers) de lui se lisent encore avec intérêt, ainsi que certaines interventions, et permettent de se le représenter. Dans l'unique entrevue qu'il eut avec la reine à Saint-Cloud et où il lui semblait, raconta-t-il, être « *assis sur une barre de feu* », il lui conseilla une résistance par les armes, que lui eût secondée à la tribune, et qui eût été en effet le salut. Marie-Antoinette ne devait s'en rendre compte qu'après la mort de Mirabeau, au 20 juin, au 10 août, et sans doute trop tard.

Ici se pose la question des libéraux :

> « Un massacre eût-il empêché le mouvement ascensionnel des idées en effervescence ? Ne leur eût-il pas donné plus d'ampleur ? »

La Commune de 1871 est là pour répondre et vous connaissez le mot de Thiers après le massacre des insurgés :

> « En voilà maintenant pour cinquante ans avec les revendications du monde ouvrier. »

C'était en somme le principe de la saignée périodique et Thiers en avait puisé la formule dans l'Histoire de la Révolution. Pour ma part, j'estime que le procédé de la répression, tout chirurgical, eût tout au moins gagné du temps, empêché les excès de la Terreur et permis l'installation d un traitement médical dont la recette est connue et pratiquée depuis le début de la monarchie française. Négligeant le remède brutal de Mirabeau, le roi et la reine se laissèrent happer par la Révolution. À partir de là ils étaient perdus, comme l'avait prédit à la reine le tribun.

Une réaction par la presse, le papier imprimé, était-elle possible ?

Certainement, à condition d'opposer à la véhémence et aux invectives des journaux révolutionnaires une véhémence et des invectives supérieures. *Le Vieux Cordelier*, *l'Ami du Peuple*, *le Père Duchêne* mordaient. Les *Actes des Apôtres* se contentaient, du moins au début, de griffer. D'où leur infériorité. D'où le tragique trépas du magnanime François Suleau. Réactionnaire ou révolutionnaire, luttant pour l'ordre ou l'anarchie, jamais un polémiste ne doit baisser le ton.

C'est la règle d'or.

Il arrive un certain moment, dans les grands troubles sociaux, où les meilleurs arguments ne sont plus écoutés ; même et surtout logiquement déduits. Il y faut les cris et les coups et Georges Sorel, dans ses *Réflexions sur la violence*, a raison.

Pour s'attaquer efficacement à la religion, les révolutionnaires comprirent d'instinct qu'ils devaient s'attaquer aux personnes du roi et de la reine, auxquels s'arc-boutaient les deux clergés, en vertu du « politique d'abord. » C'est l'abbé catalan Balmès, qui a dit qu'on ne pouvait rien contre les idées, si on ne s'en prenait d'abord aux personnes qui les représentent. L'agression fut injuste et sauvage et maintenue telle du 14 juillet 1789 au 21 janvier et au 17 octobre 1793. Celle qui porta le coup mortel à la Terreur par un acte terroriste fut Charlotte Corday, homéopathe sans le savoir (*similia similibus*), le 13 juillet 1793.

J'en arrive à la question des grandes peurs qui, dans plusieurs provinces, avant, et depuis le 14 juillet, se saisirent, ici et là, des populations paisibles. Elles étaient comparables aux malaises annonçant l'orage, au silence effrayé des animaux, à l'immobilité soudaine des végétaux. Les contemporains en furent très frappés. On n'en donna que des explications confuses et embarrassées. L'histoire des Jacqueries est encore rudimentaire, et l'envoi massif dans les provinces françaises des commissaires du peuple, de 1791 à 1794, avec des instructions homicides, envoi qui rappelle les métastases du cancer, montre avec quelle lenteur et passivité la plupart des villes — sauf Rennes, Lyon, Marseille — et la majorité des bourgades, suivaient le mouvement de Paris.

En 1871, sauf à Marseille, l'échec de ces délégations fut complet. L'esprit insurrectionnel avait déjà beaucoup perdu de sa virulence de Danton à Gambetta.

Le ralliement à la Révolution, même terroriste, des prêtres dits assermentés et de membres du clergé régulier fut une cause majeure des progrès révolutionnaires, en vertu du proverbe chinois que le poisson pourrit par la tête. Cela Louis XVI parut le comprendre et sa résistance spirituelle fut aussi vive que sa résistance politique fut nulle. Contre la Révolution comme contre la Réforme, Rome se défendit mal ou ne se défendit pas. Elle semble bien n'avoir pas compris alors, comme plus tard, au temps du ralliement, que c'était son existence même qui était en cause.

Le premier but à atteindre était la déchristianisation du pays d'Europe, avec la Belgique et l'Espagne, le plus profondément évangélisé.

Le second était le transfert des biens de la classe possédante à la classe dépossédée, de la classe à demi instruite à la classe ignorante, du tiers aux travailleurs manuels.

À L'injustice sociale latente, qui est la tare des sociétés dites civilisées et auxquelles remédient, tant bien que mal, l'assistance publique et la charité, la Révolution superpose une autre injustice, l'expropriation et la confiscation. Nous n'ignorons pas qu'à l'origine des grandes fortunes il y a toujours « des choses qui font trembler » et notamment l'exploitation du travail ouvrier, de la main-d'œuvre. Nous n'ignorons pas qu'une catégorie spécialisée, celle des financiers, indispensables d'ailleurs au fonctionnement des rouages sociaux, prélève une dîme outrancière sur le pain des foules et exploite la misère comme le luxe. Nous n'ignorons pas les actions ni l'immunité des sociétés anonymes depuis l'âge industriel. Mais bien loin de calmer, d'apaiser ces maux la Révolution les aggrave de tout le poids des instincts déchaînés.

La Révolution n'est pas seulement la guerre sans nombre, ses viols, civile, avec ses abominations ses déprédations, son étal de boucherie où campe une magistrature improvisée, ou gangrenée et policière (démocratie.) Elle est aussi la guerre étrangère et donne naissance au conquérant, qui transporte ses fureurs au dehors et cherche à asseoir sa propagande inepte sur des conquêtes territoriales. La monarchie voulait son pré carré et Louis XIV se reprochait « d'avoir trop aimé la guerre », un peu comme on aime trop la chasse. La Révolution est encyclique, comme la papauté qu'elle combat, et voudrait soumettre à ses vues la terre entière, mettre la force au service de l'utopie. Voir Bonaparte.

L'utopie est puissante sur les cœurs humains en ce qu'elle ne voit pas les obstacles tirés de la nature même, des choses et de leur équilibre. Chaque génération produit ses idéologues qui veulent à tout prix, et contre toute évidence, avoir eu raison. La première de ces utopies, en importance et aussi en conséquences désastreuses est celle du progrès politique et social, que j'ai longuement et je crois logiquement combattu dans mon ouvrage : *Le Stupide XIXᵉ Siècle*.

C'est pourquoi tous les révolutionnaires se disent amis des nouveautés, ou des idées avancées.

Prenez-les tous, de Rousseau à Stirner, à Tolstoï, à Bakounine, à Karl Marx, et vous verrez que leurs idées avancées se ramènent à cinq ou six Principes faux, tels que la marche indiscontinue de la connaissance, la prééminence naturelle du droit sur la force, le dogme de la science toujours bienfaisante, le dogme de la sagesse innée de la souveraineté populaire.

Ces principes, dont la sottise n'est plus à démontrer pour chacun d'eux, s'agglomèrent en une sorte de code moral, propagé par l'imprimé et dont les inévitables ravages — parce-qu'ils sont partout contrecarrés par les réalités — mènent à la décomposition des nations. Croyant promener un flambeau, la France révolutionnaire, puis napoléonienne, a agité une torche, augmenté la somme des malheurs et des souffrances et gâché l'influence française, le rayonnement français, dus à la monarchie.

Cela s'est traduit par la régression de notre langage au dehors. Depuis l'âge de 25 ans j'ai été en Hollande, attiré par ses peintres, ses paysages, ses grands souverains, des amitiés personnelles. En 1892 la langue française était universellement parlée à La Haye. En 1927, elle y était remplacée, de façon courante, par l'anglais et l'allemand. Même remarque, sur une moindre échelle, quant à la Suède. En Belgique même le flamand gagne du terrain sur le wallon.

L'arrivée et le développement de la grande industrie (mines, tissages, chemins de fer) apportait la cause révolutionnaire. Au premier tiers du siècle, la foule immense des ouvriers, arrachés aux travaux des champs. Ce phénomène coïncida à une nouvelle fournée d'utopistes (les Saint-Simon, les Fourier, les Blanqui, les Hugo, les Michelet) renouvelant, parfois sous une forme attrayante, le dogme révolutionnaire et son animosité contre l'ordre, en particulier l'ordre catholique, la dogme de l'évolution — aujourd'hui battu de tous les côtés — vint encore renforcer ces tendances et donna naissance à celui de la lutte de 1848, directement contraire à la civilisation, d'une nouvelle barbarie.

Dans son ouvrage magistral sur *le Brigandage pendant la Révolution*, M. Marcel Marion a montré comment la disparition des comités révolutionnaires contraignit le nombreux personnel qu'ils employaient à chercher ailleurs les moyens de vivre. Les quarante sous donnés aux sectionnaires, les gardiens des détenus à domicile ayant disparu, toute une tourbe, désormais sans emploi, se réfugia dans le brigandage. Ajoutez à cela l'immense misère due à la chute des assignats et à la cherté croissante de la vie. Tout le département des Bouches-du-Rhône, de Marseille à Saint-Rémy, — où fonctionna un (tribunal populaire), — prit feu. Des attentats collectifs s'ajoutèrent aux crimes individuels. La désorganisation des finances publiques était à son comble, par « une inflation prodigieuse de papier-monnaie », les vols et escroqueries de toute sorte se multiplièrent.

Les grands principes des Droits de l'Homme commençaient à porter leurs fruits amers.

Les condamnés narguaient les magistrats. La gendarmerie n'était plus payée.

Car dans une société vaste et diverse comme la société française à toutes les époques, tout se tient, et l'intérêt public, c'est-à-dire national, est lésé, dans la mesure où les intérêts privés ne sont plus défendus, du fait du relâchement ou de la disparition d'une autorité centrale. La moralité religieuse, en s'évanouissant, emporte avec elle la moralité tout court. Les fils s'insurgent contre les pères, les filles contre les conseils des mères. Tous les contrats deviennent caducs. Ainsi, dans l'empoisonnement du sang, sous une cause quelconque, les cellules affolées se battent entre elles, émigrant dans d'autres parties de l'organisme, où elles jettent le trouble et la confusion.

CHAPITRE II

SUR LES HOMMES DE LA RÉVOLUTION EN GÉNÉRAL

C'EST le cas de dire, comme Béranger :
« Hommes noirs, d'où sortez-vous ? »

Car si quelques-uns des premiers révolutionnaires et des plus actifs, tels Mirabeau, Laclos ou Barère, appartenaient, par tempérament et par l'esprit, au dernier tiers du XVIIIe siècle, le plus grand nombre était composé de gens de robe, de beaux parleurs et d'hommes d'affaires, formés à l'idéologie encyclopédique, adhérents à ce qu'on appelait « les nouveautés », membres de sociétés de pensée, et d'une ambition supérieure à leurs moyens. C'est leur état d'esprit qu'il s'agit de présenter : une extrême suffisance, un besoin d'échafauder des systèmes destinés à remplacer ce qui était et à reprendre la société par la base en la débarrassant des « chimères » religieuses, en supprimant les privilèges de la noblesse, les derniers vestiges de la féodalité, en substituant au régime monarchique celui des assemblées en permanence, en restituant au « peuple » les droits dont on l'avait frustré au cours des âges et qui lui appartenaient. Ici première scission, d'où devait sortir la division rapide des Girondins et des Montagnards, des modérés et des extrêmes, scission qui, après quatre-vingts ans, se retrouvera dans celle intra-démocratique, des opportunistes et des radicaux.

D'un côté, les réformateurs par étapes.

De l'autre, les réformateurs d'un seul coup.

Les Girondins eux-mêmes se divisaient entre ceux qui désiraient une monarchie constitutionnelle et ceux qui allaient jusqu'à l'établissement d'une République modérée. Le tiers était ainsi fort désuni dès le début, dès son admission aux États généraux. Les uns réclamaient le vote par tête au lieu du vote par ordre. Les autres réclamaient le doublement de la représentation comme plus conforme à l'importance de celle-ci. Les motions se multipliaient et s'entrechoquaient, créant des réputations éphémères qui s'éboulaient et se reformaient à qui mieux mieux.

Un flot d'imprimés, de libelles, de journaux soutenaient les opinions des groupes et des sous-groupes et étaient lus avidement par leurs partisans. Certains chiffres nous étonnent encore aujourd'hui. C'est ainsi que la vente du *Père Duchêne*, organe populacier rédigé en style poissard par le bellâtre Hébert, dépassa souvent cent mille exemplaires pour Paris et la région parisienne. *L'Ami du Peuple* de Marat — que subventionnait Philippe-Égalité — atteignait certes pas ce chiffre, non plus que le *Vieux Cordelier* de Camille Desmoulins

Les uns comme les autres sont maintenant illisibles et donnent le sentiment d'une bassesse intellectuelle invraisemblable, d'un primarisme déconcertant, d'une emphase grotesque. Il y a un style révolutionnaire comme il y a un tempérament révolutionnaire, caractérisé par un mélange de menaces et d'adjurations larmoyantes, style qui se retrouve dans les documents publics comme dans les correspondances privées, où le mot de « vertu » revient à chaque ligne et qui sue l'hypocrisie. Les souvenirs de l'antiquité y abondent comme si les « novateurs » avaient besoin de références ou voulaient faire montre de leurs connaissances. Dans ce grouillement de grands ou de petits ambitieux on peut déceler quelques catégories.

Le plus grand nombre d'entre eux portent la marque du primaire et qui souffre de se sentir tel.

La caractéristique du primaire, c'est d'avoir, sur toutes choses, des notions fausses, mais ancrées et un système pour les relier. Le dictionnaire de Bayle est un bon répertoire des thèmes primaires de l'époque, dont allait se repaître par la suite le XIXe siècle et que vint remplacer ultérieurement le mythe de l'évolution. Un autre trait du primaire est la combativité aigre et coléreuse, incapable de supporter la contradiction :

« C'est ainsi et cela ne saurait être autrement. »

Les hommes de la Révolution veulent, exigent qu'on soit de leur avis, de façon de plus en plus âpre, dans les assemblées comme dans les salons et la rue, et cela sous peine de déconsidération, puis de mort. Ils détiennent la formule *ne varietur* de la justice et de la vérité. Le doute ne les effleure même pas. Ce sont les dévots de la nouvelle manière et qui comportent aussi leurs tartufes. Car l'hypocrisie et le cafardisme sont de tous les partis.

À côté des primaires et se mêlant à eux, il y eut aussi les ratés de la littérature, du barreau, de la bohème, les « neveux » ou « arrière-neveux de Rameau », aspirait à n'importe quel emploi, puis s'en dégoûtant et en cherchant un autre, et finalement échouant dans une bureaucratie criminelle comme la Sûreté générale, ou simplement administrative, branlante, et fictive.

Car la paresse et l'impéritie professionnelle jouèrent leur rôle dans le grand bouleversement politique et social de 1789. Ne pas faire ce que l'on a à faire, ou le faire faire par un autre, fit partie de l'Évangile des Droits de l'Homme. Il faut noter ici que, dès le début, la magistrature, à Paris comme en province, avait déserté son poste, comme conséquence de la rupture des ordres, d'où sortit cette infâme parodie des tribunaux révolutionnaires, aboutissant aux Herman et aux Fouquier-Tinville. Car la Révolution de la légalité, voulut toujours garder les apparence et c'est au nom de la légalité qu'elle accomplit, dès le début ses pires horreurs.

C'est son côté Bridoison :

« La fo..or...me, citoyens, la fooorme. »

Les utopistes, les rêveurs, en un mot les idéologues et faiseurs de constitution en chambre — du type Sieyès — pullulaient, comme ils devaient pulluler en 1848, cette séquelle de la grande Révolution, suivie elle aussi d'une séquelle de Napoléon. On cite toujours Sieyès, l'homme du « j'ai vécu », mais que de « sous-Sieyès » que d'ânes en bonnet carré ! Utopies religieuse, morale, sociale, elles foisonnent, attachées chacune à un nom, volant alors de bouche en bouche, oublié, et pour jamais, en dix ans. Elles avaient poussé notamment en Bretagne, contrée où le rêve se mêle couramment au réel, où le songe éveillé est la règle. Celle qui devait avoir le plus de vogue était venue de Genève, où Calvin avait exercé sa Terreur et fait brûler Servet, Mais une autre utopie, celle du communisme devait courir à travers la poussée de 1789, puis reparaître en France, pendant quelques mois en 1848, pendant quelques semaines à Paris en 1871 et acquérir toute sa virulence en Russie, après la Grande Guerre en 1917. Elle y sévit encore et y commande, l'État.

Ambitieux civils, ambitieux militaires, aspirants dictateurs des deux ordres composent une partie considérable de la Révolution. Les uns, Comme Dumouriez, oscillent entre les nouveautés et la fidélité à la monarchie, ce qui les fait accuser de trahison. Les autres jouent carrément la partie jacobine et nous les retrouverons avec Laclos et Bonaparte. En 1870, il y eut Rossel, élève de la Flèche et à qui ses camarades préságeaient un avenir à la Bonaparte. Tel fut aussi l'avis de Thiers, qui le fit fusiller, malgré toutes les sollicitations, impitoyablement et tardivement.

La biographie d'un Hérault de Séchelles, esprit emporté et sans contrepoids, marque bien l'ascension politique de ces hommes, partagés entre l'ardeur sensuelle (Mme de Sainte-Amaranthe et sa fille, la belle Émilie) et l'ardeur politique, particulière à l'époque, qui fera, le moment venu, braver l'échafaud à ces exaltés. Missionnaires de l'Enfer, dirent les Ordres religieux. Missionnaires aussi d'une bêtise qui n'a pas sa pareille au monde moderne, et qui leur fait prendre, pour des vérités révélées, les solennelles folles de l'an 1789, sorties, sans aucun doute, des États généraux de mai précédent.

La France alors était exceptionnellement vibrante, comme à certaines époques de son histoire et en état de réceptivité. Les billevesées des uns et des autres trouvaient en elle un retentissement éphémère, lequel dominait la voix du bon sens. Elle référait, suivant le mot de Leibnitz, au grain des choses la paille des mots. Préférence génératrice de catastrophes. On n'en imagine pas de pire que celle qui, en quelques étapes, devait aboutir au 10 août et à l'abdication de la Monarchie.

Quelques esprits, réfléchis et pondérés, se sont posé la question de savoir si l'aliénation épidémique n'avait pas joué un rôle dans la génération révolutionnaire de 1789, considérée en son ensemble. On y relève, en effet, maintes caractéristiques d'une fièvre cérébrale mais guidée et qui va, d'un pas saccadé d'une marche régulière, à la confiscation des biens et à l'extinction des familles possédantes. D'où la discrimination entre les clairvoyants, qui savaient ce qu'ils voulaient, où ils allaient, et ceux qui ne le savaient pas, suivaient le mouvement, obéissaient au coude à coude. Pour ce qui est des trois assemblées, les commissions, instituées et fonctionnant avec un certain ensemble, paraissent avoir été composées des premiers, qui faisaient voter leurs propositions et motions, incendiaires ou absurdes, par les seconds, par les timides et les passifs. La lecture des comptes rendus rend ce partage parfaitement clair et il est demeuré, à travers un siècle et demi, la règle psychologique des assemblées.

Toute assemblée est malléable. On s'impose à elle, après quelque résistance, par des interventions répétées, brèves, insistantes.

Il ne faut ni la fatiguer, ni la décevoir.

Nouvelles venues sur la scène politique, désireuses de manifester leur puissance, la Constituante, la Législative, la Convention se succédant à de courts intervalles, semblent avoir voulu, la troisième en concurrence avec la Commune de Paris, maintenir l'attention par des débats tumultueux, portant à la fois sur la constitution, les lois et les personnes. La Constituante se maintint, avec quelque peine, dans des considérations générales, où s'affrontèrent les utopies et les tempéraments. La Législative se trouva devant le problème central de la monarchie ou de la République. Elle recueillit, au 10 août, la famille royale dans son sein. La Convention se trouva devant le problème extérieur et ce qu'elle appela la Patrie en danger, et devant l'exécution du roi et de la reine. Chacune d'elles tira sa couleur et sa force de la forme de lutte à laquelle elle s'adonnait. La foule — c'est-à-dire les tribunes — participa ou participèrent peu aux débats des deux premières, si ce n'est par une curiosité encore respectueuse, participa ou participèrent largement aux débats de la Commune et de la Convention, offrant un spectacle tragique, comique aussi, divers et renouvelé.

Dans l'ensemble le compte rendu en constitue un fatras aujourd'hui, sauf quelques séances mémorables, enseveli dans la poussière et la cendre du temps. La bonne volonté de quelques-uns, comme un Vergniaud ou un Barnave, l'astuce et l'esprit d'intrigue de quelques autres sont recouverts par l'abus du verbiage le plus fatigant. Le robinet de l'éloquence une fois ouvert, c'est l'inondation, et le dessin même des débats se perd dans des incidents et des interruptions sans portée. Il en sera ainsi tant qu'il y aura des assemblées délibérantes, auxquelles sera remis le sort de la nation et qui trembleront d'hésitation et de crainte devant les déterminations importantes.

Il est à noter — et Jaurès l'a fait dans son *Histoire de la Révolution* — que de ces dernières la principale, celle de la guerre européenne, fut prise par Brissot, de la Gironde, entraînant ses amis, contre Robespierre et les siens.

Ceci nous montre l'abîme profond qui séparait les uns des autres et qu'a marqué, à plusieurs reprises, Albert Mathiez, dans ses ouvrages, notamment dans *Girondins et Montagnards*.

Pourquoi Robespierre était-il opposé à la guerre contre les rois et les princes ?

Parce que l'affaire importante était à ses yeux la question intérieure du transfert de la fortune. Mainmorte comprise, des privilégiés, comme on disait alors, aux petites gens. Inaccessible aux tentations d'argent, — d'où son surnom d'incorruptible — assez versé en économie politique pour voir la gabegie monter autour de lui dans les proportions effroyables qu'a montrées le même Albert Mathiez, il estimait que la Révolution ne devrait réformer l'univers qu'après s'être réformée, elle, dans une subversion totale des fortunes. C'est du moins ce qui apparaît dans toute sa conduite et dans la lutte acharnée qu'il mena contre Danton et son groupe.

Car la loi de toute assemblée, c'est de se résoudre en partis ou clans, qui eux-mêmes se choisissent des chefs, et, à partir de là, c'est la lutte entre les chefs qui en oublient toute autre considération politique. Mirabeau en avait le sentiment en quelque sorte inné et, s'il eût vécu, il eût certainement, par la vigueur irrésistible de sa parole, groupé autour de lui toutes les forces vives de l'assemblée, quels que fussent son titre et son recrutement. Il eût même surmonté sa propre vénalité, indiscutable et immense, mais qui ne gênait pas ses manœuvres. Au lieu que sa caricature Danton s'abîma et se noya dans sa boue sanglante.

Enfin, Mirabeau avait du bon sens, alors que les premiers rôles de la démocratie révolutionnaire, comme il devait arriver à leurs piètres successeurs actuels, n'admettaient pas la réponse des réalités à leurs billevesées politiques et financières. La résistance des faits leur apparaissait sous la forme du complot contre leurs personnes. Complot qu'une répression impitoyable briserait. Quand on persécute les capitaux, et de quelque façon que ce soit, ils se dissimulent, se cachent, ou se sauvent. Quand on persécute les capitalistes, ils émigrent.

La lutte de classes mène à la ruine générale et à la famine. L'exagération des impôts paralyse et arrête la production. Contre ces vérités élémentaires, des torrents d'éloquence, des échafauds en permanences une paperasserie de lois oppressives ne peuvent rien qu'accumuler la vapeur dans la chaudière, si bien qu'à un moment donné tout sautera.

Une distinction absurde fut admise, dès le début de la Révolution, entre les démocrates, censés raisonnables et les démagogues ou enragés. Cette fausse distinction a duré jusqu'à nos jours, à travers la différence des temps et des personnes. Elle ne repose que sur une illusion d'optique. La Révolution est une pente ou mieux un glissement continu, qui va du Girondin au Montagnard et à l'enragé, de la démocratie à la démagogie, avec des stagnations intercalaires, qui tiennent généralement à l'ambiance. Quiconque n'est pas convaincu de cette vérité ne peut rien comprendre à notre Histoire depuis 1789, depuis le régime des assemblées.

On a écrit des ouvrages curieux sur le calme, en pleine Terreur, du reste et du gros de la nation, qui ne s'occupait même plus des charrettes conduisant, par paquets, les victimes au bourreau. C'est qu'à tous ces débats, qu'à toutes ces querelles, qu'à tous ces discours, le gros public des villes ne comprenait pas grand-chose, alors que le public des campagnes, dans son ensemble — exception faite pour l'Ouest et le Sud-Est —, comprenait rien du tout. Les historiens eux-mêmes en disputent encore aujourd'hui et pataugent, alors que des points importants sont déblayés. Michelet, Lamartine, Aulard ont contribué à fausser les esprits en voulant à toute force voir des desseins généreux et de nobles calculs là où il n'y avait que des instincts décharnés. Ils ont tenté d'assainir la jungle et de mettre des faveurs et des rubans aux bêtes féroces qui menaient le branle. Puis le temps de la vérité est venu et il faut rendre justice à Taine qui a crevé, le premier, le préjugé favorable et mis les pieds dans le plat de sang.

Émerge-t-il au moins de ces mornes séances de la Constituante et de la Législative, de ces hurlements et agiotages de la Convention, quelques vues nouvelles et justes en finance, en politique générale, en aspects de gouvernement ?

À cette question primordiale il est permis de répondre :

« Non »

Un nom symbolise la question financière, celui de Cambon.

Il fut, comme dit Lenôtre, l'apôtre de l'inflation et nous savons aujourd'hui quelle absurdité représente l'inflation, c'est-à-dire la planche assignats. C'est le cataplasme, empli de vers, sur la plaie, Carnot, à la Défense Nationale, a conquis une célébrité tenant à ses qualités administratives, mêlées à une aveugle férocité. Prenez ces gouvernants un à un, examinez leurs actes, écoutez leurs paroles. C'est l'erreur renforcée sous toutes ses formes, le faux témoignage truculent ou cauteleux, ou la brutalité la plus révoltante. À ce point de vue, le procès du roi, comme mauvaise foi, dépasse tout. Mais le cours habituel des débats est étrangement limoneux, quand il n'est pas surchargé d'immondices. Il est à remarquer d'ailleurs que les laudateurs de la Révolution l'ont généralement passé sous silence. Nous en avons, au journal, la collection. Ces gros livres vous tombent des mains et l'esprit ne saurait s'y attacher. La paresse et l'envie, les plus bas intérêts, voilà les ébats de ces assemblées permanentes à leur aurore. On n'en cite qu'une, ultérieurement, l'Assemblée Nationale, après la guerre de 1870, qui ait accompli un travail utile. Quant à l'assemblée qui suivit la Grande Guerre et dura quatre ans et demi, j'en étais, je la connais bien. Nous avons, mes amis royalistes et moi, tenté en vain de l'animer.

Ses hommes, un Millerand, un Briand, un Poincaré, rappelaient ceux de la Révolution, auxquels on aurait coupé les testicules. La même blaguologie enfarinée.

Un terme exprime bien cette confusion : celui de hagard.

Le tempérament flegmatique des Anglais s'accommode des jeux d'assemblée. À la Chambre des Communes comme à la Chambre des Lords une certaine méthode a toujours été observée. Il n'en est pas de même en France où, il y a un siècle et demi comme aujourd'hui, la discussion a tout de suite emporté les orateurs loin des projets à examiner et où, partant pour l'Amérique, on aborde rapidement en Océanie. J'étais en bons termes avec Eugène Pierre, secrétaire général de la Chambre depuis cinquante ans et qui avait écrit un gros ouvrage sur la direction, les devoirs et les droits, sur le règlement d'une assemblée. Conseiller ordinaire du président en exercice il convenait qu'aux heures de crise, l'assemblée chez nous était ingouvernable, avait toujours été ingouvernable et que ni Gambetta, ni Burdeau, ni Floquet, ni Brisson n'avaient jamais pu la tenir en main, pas plus que n'avaient réussi Vergniaud ou un autre :

> « Les députés, ajoutait-il, sont beaucoup trop nombreux. Heureusement que la plupart du temps ils ne sont pas là. »

> « Sous les assemblées de la Révolution la passion menait tout, avec des courants, très curieux, de panique devant les décisions qu'on venait de prendre. La peur tenaillait la plupart des membres de la Convention, qui n'osaient plus venir siéger, de peur d'être pris à partie à propos de n'importe quoi, décrétés d'accusation et envoyés à la guillotine. Certains comme Marat portaient des armes sous leurs vêtements. Un historien, M. Georges Izard, a écrit à ce sujet :

> « Les conventionnels étaient 782 au début (c'est-à-dire en septembre 1792.) En octobre 1792, on en compte 460 à leurs bancs. On tombe aux environs de 350 en janvier 1793, pour descendre au-dessous de 200 en juillet-août. Rien ne peut décider les défaillants à revenir. Tous les prétextes leur sont bons pour demeurer en province, terrés dans leurs circonscriptions. L'un argue de sa santé

délicate, un autre d'affaires de famille, un troisième de la politique locale qui réclame sa présence. Le filon était d'obtenir une mission en France ou à l'étranger. Une fois partis, il fallait leur adresser lettre sur lettre pour les faire revenir, et encore beaucoup ne répondaient-ils pas à ces sommations. Tous aspiraient à la fin de cette existence.

« Que ne puis-je être aussi obscur que je suis connu ! » s'écria Desmoulins :

« Que ne suis-je au sein de ma famille à cultiver mon champ », implora Piette des Ardennes.

« Je suis saoul des hommes », dit Barère. »

Dès la fin de la Constituante, ces représentants sont comme sur un bateau ivre qui les emporte ils ne savent où…

> *Comme je descendais ces fleuves invisibles,*
> *Je ne fus plus soudain guidé par les rameurs.*
> *Des sauvages criards les avaient pris pour cibles,*
> *Les ayant cloués nus aux poteaux de couleur. »*

Mais avec la Convention, ces captifs en vue savent où le nouveau régime les entraîne : à la mort. Est-ce le fait d'une force obscure et ignorée d'eux ? Sont-ce des ennemis cachés, des gens dans des coins, tel l'insaisissable de Batz, ou tel « agent de Pitt ou de Cobourg ? » On ne sait pas et le plus simple est encore de ne pas se montrer et, si possible, de se faire oublier.

Or quels étaient, vis-à-vis des trois assemblées de la Révolution, les sentiments du populo ?

Il y eut d'abord un très grand respect et, avec un élan d'espérance extraordinaire, le sentiment que les représentants du peuple — cette expression dit tout — allaient relever les finances et faire le bonheur de la nation. Cette conviction apparaît dans les grandes villes, notamment à Paris, Lyon et Marseille et les délégués en province, dont l'activité commence avec la Législative, reçoivent en général un accueil favorable.

On leur expose les doléances de la région ; on les consulte, on les héberge, on les charge de formuler des protestations contre « les abus », tenant tous à la monarchie et qu'ils assurent devoir cesser avec le gouvernement républicain.

La panacée universelle, il faut s'en rendre compte, ce sera le départ du roi, faible, irrésolu, circonvenu par les prêtres, et de la reine aux mains des nobles et des sacripants dorés.

D'où, lors de la fuite de Varennes, le soupir de soulagement de beaucoup de mandataires du peuple, délivrée de ce souci : que faire du membre mort de là Constitution ?

Lorsque Louis XVI fut arrêté à la frontière, la consternation de ceux-là fut générale, tout étant remis en question. Il s'agissait désormais de se débarrasser de cet encombrant pataud d'une façon quelconque, et le couperet montrait son tranchant. Mais derrière lui demeuraient sa femme, la plus dangereuse, parce que formée à l'école de sa mère Marie-Thérèse, sa sœur Mme Élisabeth, et les enfants...

La question financière, dont il apparut rapidement qu'elle était, dans l'état des closes, insoluble ; la question du droit de veto, suprême ressource, d'ailleurs négative, de la monarchie ; la question centralisatrice, ou de l'unité de la nation, résolue par les Jacobins et d'où sortit l'administration napoléonienne ; la question du clergé assermenté et des cérémonies du culte, à laquelle s'ajoutait la question religieuse proprement dite ; la question enfin de la Défense Nationale et de la Patrie en danger, qui prima soudain toutes les autres, et exerça sa pression sur elles, tel fut en résumé le programme parlementaire de 1789 à 1795, au milieu des cahots, des surprises, des troubles et des angoisses de la Terreur, allant de la confiance publique à la méfiance et de l'attendrissement aux massacres, suivant les alternatives de ce monstre changeant, véritable caméléon : l'opinion publique.

L'opinion publique, à partir de 1789, se manifestait surtout par la presse, des fêtes et des rassemblements populaires. Puis elle s'exprima par des votes qui allèrent du corps électoral au suffrage universel, groupé dans les diverses sections. Dès cette époque les républicains voyaient, dans le suffrage universel, véritable cohue pendant la tempête, une soupape de sûreté par où s'échapperaient ces fureurs, ou ces ressentiments, ou ces revendications de masse, dont on craignait les remous. Cette idée fausse a présidé à toute la République parlementaire, à toute la démocratie d'après 1870 et elle a été exprimée, sous toutes les formes, des milliers de fois, sans devenir pour cela plus juste ni plus raisonnable. Les décrets du suffrage universel sont généralement imprévisibles, soumis à des fluctuations dangereuses, ou pour le moins baroques, et le fait de déposer un bulletin dans une urne tous les quatre ans ne saurait apaiser les querelles et critiques en aucune façon. Bien au contraire, il les attise.

Les suffrages restreints, tel que celui qui préside actuellement au renouvellement du Sénat, n'apportent pas plus de sagesse à la chose publique que le suffrage universel. Ils sont seulement moins turbulents, étant moins actifs et plus engourdis. Même remarque pour la Chambre des Pairs, assemblée de piteux chamarrés qui se retira piteusement et s'ajourna *sine die* devant la Révolution de 1848, réitération de celle de 1789 et à laquelle succéda, cette fois encore, un Bonaparte, neveu du précédent, lequel nous conduisit à Sedan comme l'autre, beaucoup mieux doué au point de vue militaire, nous avait conduits à Waterloo.

Les infiltrations spectaculaires du populo dans la Convention traduisaient le véritable état d'esprit révolutionnaire, aux yeux duquel c'était la foule, dans sa plus large expression, qui devait dicter sa loi à ses délégués au gouvernement. C'était la formule de Marat, le véritable inventeur de la dictature, ou plutôt de la prétendue « dictature, du prolétariat. » Car la foule, comme le mercure, se morcelle toujours, à un moment donné, en parcelles, souvent opposées les unes aux autres. Par elle, et ses subdivisions, on en revient ainsi aux partis, qui eux-mêmes élisent des chefs aux avis contradictoires. C'est ainsi que le gouvernement par la masse aboutit inéluctablement au gouvernement par les groupes. D'où bataille et, suivant la tension des circonstances, lutte, ou guerre implacable. Les sélections par l'assemblée sont inopérantes. L'absence de sélection est immédiatement homicide.

Bainville disait que le suffrage universel est une sortie, tous les quatre ans, de larves dont on ne peut prévoir si elles tourneront à droite ou à gauche.

C'est tout à fait cela.

En effet, le suffrage universel ne connaît pas un mot des problèmes sur lesquels on fait semblant de le consulter et il s'exprime sur eux au petit bonheur, ou d'après des engouements passagers. Le misérable Philippe-Égalité, que Paris avait acclamé lors des États généraux de mai 1789, fut élu à grand peine à la Convention, et encore grâce à l'appui de Marat, aux côtés duquel il alla siéger. Il n'est pas de bourde que l'on ne puisse faire avaler au suffrage universel, si on sait les lui présenter avec une sauce appropriée.

Voici les principales bourdes, devenues populaires, dont sortit la Convention, après les massacres de septembre 1793 :

1° Le roi est un abominable tyran, secondé par une hyène — Marie-Antoinette — avide du sang des Français ;
2° Le roi et la reine conspirent journellement contre la liberté du peuple français, avec l'appui de l'étranger. Ils correspondent avec les émigrés et l'armée de Condé, dont le quartier général est à Coblentz ;
3° Les bandits de Vendée et de Bretagne sont aux gages de l'Angleterre et de l'Allemagne, de Pitt et de Cobourg. C'est Mme Veto, la mère Capet, qui fait la liaison ;
4° Le roi et la reine doivent être mis en jugement et exécutés. Cela frappera de terreur l'étranger et sauvera la France de la servitude.

Il n'est aucun de ces chefs d'accusation, rédigés dans les bureaux des comités de Sûreté générale et de Salut public, qui ne soit un grossier mensonge, mais colporté par une presse stylée et sans contrepartie, depuis l'assassinat de Suleau. On sait que Laclos dirigea la feuille officielle des Jacobins, laquelle donnait le ton aux innombrables chiens aboyant à la mort. Cette campagne dut coûter des sommes énormes au duc d'Orléans puisqu'il en sortit complètement à sec. Sa rabatteuse était sa maîtresse, Mme de Buffon, ennemie jurée du roi et de la reine et qui coucha par la suite avec Danton. Elle et Mme de Genlis travaillèrent de concert à l'assassinat des souverains, avant de se brouiller à mort.

Que le taux de la haine envers le roi et la reine ait pu être ainsi maintenu pendant cinq ans au milieu de tant d'événements, voilà qui surprendrait si l'on ne tenait compte, avec Louis Mortimer Ternaux, des deux comités dits de gouvernement et notamment de celui où siégeaient les bêtes de l'ombre, conductrices de l'opération. Ainsi se fabrique, ainsi se maintient l'opinion publique. Chose curieuse, un Robespierre ne le comprit que dans les derniers temps de sa vie et même alors il ne put apporter les précisions qui l'eussent peut-être sauvé en détournant l'orage de sa personne.

Comme il arrive entre complices, le soupçon joua un rôle de premier plan parmi les chefs de la Révolution. Chacun d'eux avait, dans la police politique, des auxiliaires qu'il croyait dévoués et qui, bien entendu, le trahissaient. La dépréciation de la monnaie, qui, du fait de l'inflation, allait croissant, venait en aide à cette surenchère. Le voisin soupçonnait son voisin, l'amant sa maîtresse et celle-ci son amant. Cela surtout chez les premiers rôles, qui étaient ainsi les plus exposés. Avec le soupçon, la délation était courante ainsi que le chantage. Les « Musiciens » faisaient des affaires d'or, certains d'entre eux étaient, célèbres et fort achalandés. D'où un état de décomposition sociale, alors torrentueux, devenu nappe fétide par l'avachissement de la démocratie. Un mot domine la Terreur, celui de « suspect. » Il a donné naissance à la loi que l'on connaît et dont les ravages furent incalculables.

Était suspect celui qui avait fréquenté des ci-devant, car comment admettre qu'il ne fût pas demeuré en relations avec eux ?

Était suspect celui qui dépensait largement. Car d'où lui venaient les sommes qui coulaient ainsi de ses mains ? Était suspect celui qui ne dépensait pas, ou presque pas. C'était donc qu'il thésaurisait, entravant ainsi la circulation de la monnaie et affamant le pauvre monde. L'avarice était ainsi suspecte au même titre que la prodigalité. La suspicion venait en aide à l'envie, cette plaie empoisonnée de la démocratie en action. Les serviteurs — ce qu'il en restait — épiaient les maîtres et faisaient des rapports à la police. Des vocations d'indicateurs bénévoles s'affirmaient. L'émancipation des couches basses du Tiers, précipitée, mettait en mouvement une foule de chenapans qui trouvaient leur emploi dans la levée en masse et les fournitures militaires. La gabegie entrait dans les mœurs. Il n'était question, dans les discours publics, que de vertu et le vice coulait à pleins bords. Il avait son quartier général : le Palais-Royal. De la bonne société, qui le pratiquait au XVIIIe siècle, il avait glissé dans la plèbe, donnant naissance à la canaille, et celle-ci tenait le haut du pavé, ayant accès aux postes et aux charges d'État.

La religion catholique, qui donne des saintes et des saints, et prêche à tous l'humilité, donne aussi en foule des braves gens à tous les étages. En cherchant à supprimer la religion, en tournant en dérision l'honneur familial, en retirant à la vie sociale son sens élevé, la Révolution dégradait tout.

Le prétexte patriotique n'arrivait pas à masquer sa misère.

La question décentralisatrice, posée par quelques Girondins qui voyaient en elle un remède à tous les maux, fut immédiatement combattue par les montagnards, qui voyaient, dans le fédéralisme, un obstacle à l'autorité, c'est-à-dire à la tyrannie de l'État.

Que voulaient les Jacobins et leurs comités de gouvernement ?

Mettre à la France un corset de fer un corset légal qui ne permit aucun mouvement d'indépendance. Exigence en contradiction avec un régime d'assemblée, où chaque province devait en principe élever sa voix pour la défense dès intérêts locaux. Le partage, plus ou moins arbitraire, du pays en départements facilitait l'opération de nivellement, mais supprimait les coutumes comme les initiatives bienfaisantes et substituait, au principe qualitatif de la monarchie, le principe quantitatif de la démocratie parlementaire d'abord, puis plébiscitaire et impériale. Débat de structure et donc de première importance et qui fut sans doute la partie la mieux traitée de l'œuvre de Taine reprise, avec une richesse d'arguments exceptionnelle, par Maurras, légitime héritier de la pensée mistralienne. Sans doute la centralisation à outrance, jacobine puis napoléonienne, facilite-t-elle la tâche du pouvoir central, la brutalité de son enseignement, la perception des impôts et le fonctionnement de la machine administrative. Mais elle appauvrit la nation, diminue son énergie et elle dépeuple, avec les campagnes, les villes de seconde et de troisième importance, en leur enlevant leurs caractéristiques, leurs richesses morales. C'est ici toute l'histoire de l'étatisme, depuis 1792, qu'il faudrait évoquer.

Certains ont pu croire, en s'illusionnant, que la République en s'humanisant, décentraliserait. Profonde erreur et que Maurras a cent fois réfutée. La démocratie est niveleuse par paresse et aussi par nécessité. Elle est pour le département contre la province, comme elle est pour l'individu contre la personne. Elle anémie la nation à la périphérie. Elle la congestionne a son centre. Ainsi les maux s'ajoutent aux maux, à mesure que se prolonge un régime barbare.

Guerre de religion et la plus sauvage, la plus implacable de toutes, la Révolution exigea du clergé catholique l'asservissement au nouveau régime, ce qui a donné lieu, depuis cent cinquante ans, à des luttes sans fin et, sous le pape Léon XIII, à l'erreur funeste du ralliement. Ce souverain pontife ne vit pas qu'en adhérant à la démocratie, il adhérait à la pire ennemie de l'Église, à la Révolution, et lui livrait les meilleurs et les plus ardents des catholiques. Sans doute était-il fort mal renseigné et par des gens qui avaient intérêt à le tromper, ou par de simples imbéciles, comme sont le plus souvent et conjointement les gens du monde et les gens de robe.

Quant au cardinal Lavigerie, cœur généreux, esprit médiocre, il semble bien qu'en prononçant le toast d'Alger et proclamant l'adhésion de Rome au régime qui la combattait sans rémission depuis 1789, il ne faisait qu'obéir à des instructions insensées. Le ralliement convenait à la lâcheté naturelle des conservateurs — dont le nom, selon le duc Philippe d'Orléans, commence mal — et fut adopté par eux avec une sorte d'enthousiasme. Il devait aboutir assez rapidement à la spoliation du fameux milliard des congrégations, c'est-à-dire des biens de mainmorte et à l'expulsion de la plupart de celles-ci. Opérations de simple brigandage, conformes à la ligne révolutionnaire, amorcées par Waldeck-Rousseau, exécutées par Émile Combes dont le fils Edgar était un voleur, enrichi des dépouilles des Chartreux. Cette opération profita à quelques liquidateurs dont le principal, du nom de Duez, bouc émissaire et bouc tout court, dut être finalement envoyé au bagne.

Attaqué à ce sujet, à la tribune de la Chambre, par Millerand, ancien rédacteur en chef du bourbier maçonnique appelé *la Lanterne*, Combes répondit simplement :

« J'ai pu expulser les congrégations, je ne me suis pas enrichi de leurs dépouilles. »

Là-dessus Millerand, qui avait parlé de « régime abject », se tint coi. Il ne fut en effet pas moins abject que le régime qui le fit, à un moment donné, président de la République.

Accusé de complicité dans l'affaire criminelle de mon fils Philippe Daudet, par le rédacteur en chef du *Quotidien*, Pierre Bertrand, Millerand se sauva de l'Élysée.

La courbe de la Révolution, partie des États généraux de 1789, arrivée rapidement à la gabegie et au crime avec la Terreur, revint ainsi à la proscription et au vol entre la guerre de 1870 et celle de 1914, dans la période que j'ai appelé l'Entre-deux-Guerres, et qui fut le règne de la Démocratie.

CHAPITRE III

Vedettes et Hommes secrets

Il faut distinguer, chez les hommes de la Révolution, ceux qui tinrent le devant de la scène et ceux qui demeurant dans la coulisse, tirèrent les ficelles et par leurs multiples intrigues précipitèrent le drame vers sa conclusion. Il faut tracer aussi une ligne de démarcation entre !es idéologues, les utopistes, les gobe la lune et, d'autre part, les exploiteurs, les profiteurs, et les scélérats. Chacun des grands meneurs du jeu avait autour de lui une cour, ou mieux, une clientèle de financiers véreux, de fripons avérés, de maquereaux, de civils et de militaires plus ou moins compromis dans des affaires de mœurs et d'argent, de bas journalistes et de maîtres chanteurs de toute catégorie qu'il s'agissait de caser dans les nombreux emplois créés par la tourmente et le désordre des bureaux.

Jusqu'au 10 août, la machine administrative, montée depuis des siècles par la monarchie, remise au point par les ministres de Louis XV et leurs successeurs immédiats, avait continué à fonctionner à peu près, malgré le désarroi des finances — désarroi qui n'allait pas encore jusqu'au désordre, puis jusqu'à la pagaille de la monnaie — et le trouble des esprits. Mais le passage brusque de la monarchie au régime insane et turbulent des assemblées, des sections et des commissions, le dépeuplement des charges par l'émigration, la formation des partis, perturbèrent entièrement les services et substituèrent, aux agents compétents de l'État, une bohème dont on ne peut se faire la moindre idée. Girondins et paragirondins, Montagnards et paramontagnards, Cordeliers et paracordeliers se ruèrent à la curée des places avec une égale frénésie, chaque groupe tirant à soi les bons morceaux. Le régime électif s'installa avec ses transactions ses échanges, ses disputes sur le tas, comme dit l'argot des voleurs. Ce fut une curée indescriptible et qui devait servir de modèle à la démocratie subséquente.

La popularité était à ce prix.

Elle y est encore, et le rassemblement qui se fait autour de tel ou tel républicain d'aujourd'hui ne s'explique pas autrement.

Acclamé par les Parisiens dès les États généraux de mai 1789, Philippe d'Orléans dit Philippe-Égalité eut ainsi, grâce à ses millions, une clientèle immense qui s'effrita en quelques années, et il arriva presque nu à la guillotine.

Danton, caricature crapuleuse de Mirabeau, et auquel tous les moyens étaient bons pour faire de l'argent, avait su grouper autour de lui, comme ministre des Affaires étrangères, une bande d'assassins, dont Fabre d'Églantine est demeuré le type achevé et qui pillaient, sous son œil indulgent, les fonds secrets et les fonds publics.

Frédéric Masson qui, le premier, découvrit, dans les archives, quelques-unes de ces énormes déprédations, assurait qu'il n'en connaissait pas la centième partie. Le fait est que ce scélérat de Danton ne put jamais rendre de comptes. Albert Mathiez, dans son ouvrage sur la gabegie parlementaire, est de cet avis. Ordonnateur des massacres de septembre et ne s'en cachant pas, Il est bien vraisemblable que Danton tira, de ces effroyables opérations d'autres bénéfices matériels par la voie du chantage, de la substitution de personnes, ou autrement. Il était universellement décrié et son exécution, saluée avec moins d'enthousiasme que celle de Robespierre, n'en fut pas moins bien accueillie.

Des vues fédéralistes en faveur des libertés provinciales ont été attribuées à Danton par ses admirateurs. Car il eut comme les autres, comme presque tous ses complices, des admirateurs dans le personnel gambettiste, ferryste et même radical, et un voile était jeté sur les massacres de septembre, comme il était jeté sur ses déprédations. Maurras a démontré cent fois l'antinomie entre une république parlementaire et centralisée et une organisation fédérale qui postule la monarchie. La mainmise par les Jacobins, après le Dix Août, sur les rouages de l'État exigeait en fait ce nivellement provincial qu'exprime le découpage arbitraire du pays en départements. Le principe d'égalité exigeait la suppression de toutes les libertés autonomes, réfugiées puis asphyxiées dans des conseils généraux, que contrôlaient eux-mêmes par la suite les préfets de Napoléon.

Plus intéressante que celle de Danton, jouisseur, voleur et sanguinaire, apparaît la figure de Marat, disciple de Rousseau, animé des mêmes instincts profonds que Rousseau, véritable inventeur de la dictature du prolétariat, du communisme et du gouvernement par les masses. Un instinct sûr le plaça toujours à l'avant des revendications populaires, de telle sorte qu'il fut à l'abri de la surenchère et ne put jamais craindre d'être dépassé par quiconque. Cet « ami du peuple » était, dans toute l'acception du mot, un primaire rempli de prétentions scientifiques. Il avait débuté par un ouvrage sur le feu, qu'il avait adressé à la reine Marie-Antoinette, vivait modestement dans la crasse, le concubinage avec une personne, Simone Évrard, qui lui était entièrement dévouée et soignait ses dégoûtantes infirmités. Le talent de parole lui manquait, comme celui d'écrire. Ses articles de concierge inspiré qui espionne ses locataires sont aussi insipides, malgré leur véhémence, que ceux de Camille Desmoulins, ce qui n'est pas peu dire. Mais son état épileptoïde d'agitation intérieure le mettait en communion étroite avec l'ambiance de l'époque, sa turbulence et son infatuation. Un jour il réclamait dix mille têtes d'aristocrates. La semaine suivante, il lui en fallait cinquante mille. Puis cent mille. Mis en accusation par les collègues effrayés qui redoutaient sa domination, il fut acquitté haut la main, porté en triomphe à son domicile. Philippe-Égalité subventionnait son journal et siégeait à côté de lui à la Convention.

Un visage crapaudine des yeux globuleux, un verbe saccadé, un turban sale noué autour de la tête, lui composaient un personnage à part, une silhouette cauchemardante et guignolesque, et, dès qu'elle était reconnue, acclamée. Il fut pendant des mois, le roi incontesté des sans-culottes, l'incarnation de la plèbe parisienne, celui auquel ses collègues obéissaient en tremblant. Lui-même n'était pas inaccessible à la crainte qui émanait de lui et l'environnait. Il portait sous ses vêtements élimés un poignard. Les députés à la Convention le frôlaient en se cachant de lui. S'il en saisissait un, dans une embrasure de porte, il lui administrait, en le fixant dans les yeux, quelques ordres brefs, que l'autre emportait avec épouvante, ne transmettait qu'à voix basse à ses copains :

« *Il l'a dit, il l'ordonne.* »

Ne pas lui obéir était courir à la mort.

Quelles étaient ses étroites relations avec le Comité de Sûreté générale ?

Voilà ce qu'il est difficile de définir. Ce comité accepta sa suprématie, mais avec certaines réticences, que Marat, caractère invincible, ne supporta pas. Il gardait en lui le secret de la Révolution, cette transmission des biens de la classe munie à la classe démunie, de la noblesse et du clergé au tiers, du tiers aux sans-le-sou, qui court à travers toutes les lois de la Législative et de la Convention, et qui, finalement, devait aboutir à la dictature. C'est dans ce personnage tragique de comédie-bouffe, dans cette gargouille dégoulinante de sang, qu'il faut chercher et comprendre la clé de la Terreur.

La Girondine Charlotte Corday, en le tuant, et de la façon la plus preste et la plus simple, trancha le fil qui reliait les Droits de l'Homme à Rousseau et à l'Encyclopédie. *Similia Similibus*. Homéopathe avant la lettre, elle opposa le meurtre au crime, et débarrassa la civilisation d'un bourreau. Marat manquant, il restait un ferment démocratique, — les sots disaient démagogique, — Robespierre.

Petit robin provincial, juriste à la manque, animé d'une flamme froide et qui n'appartenait qu'à lui, Maximilien Robespierre, mystagogue avide de domination et qui vivait en subsistance, rue Saint-Honoré, chez l'entrepreneur en menuiserie Duplay, assuma en lui le maximum de pouvoir dont disposait la Révolution, atteignit la dictature avec le titre d'Incorruptible, prépara, avec ses amis Couthon et Saint-Just, les lois spoliatrices de Ventôse, alarma, avec la Sûreté générale, les détenteurs de biens nationaux et sombra brusquement, le 9 thermidor, avec le régime qu'il incarnait. Son honnêteté foncière, sa sécheresse, son éloquence brève, érodée, souvent ridicule, toujours proche des faits et ignorante des personnes — ce fut sa perte — lui font une place à part dans les fantoches de la première République. C'était, autant qu'on en peut juger, un misanthrope glacé, méprisant les hommes, s'imposant à eux, par la froideur, dans les circonstances difficiles, ami des formules péremptoires et évasives, perdu dans un idéal indistinct.

Une page célèbre des *Mémoires* de Barras, recueillie dans les anthologies, nous le montre, à la veille de sa chute, accueillant, dans sa petite turne, sans leur dire un mot, avec un visage et un silence de pierre, deux des conjurés pour sa perte, avec Tallien — dont la maîtresse, la belle Thérésia Cabarrus, emprisonnée, était entre ses griffes — et Fouché, c'est-à-dire Fréron et Barras en personne.

«*Je ne l'avais*, dit Barras, *aperçu que fort rapidement sur les bancs ou dans les corridors de la Convention. Nous*

n'avions eu aucune relation particulière. Son attitude froide, sa résistance à toute prévenance, m'avaient tenu dans la réserve que me dictait ma propre fierté envers mon égal. »
Les deux visiteurs traversèrent une longue allée garnie de planches... La fille de Duplay lavait et étendait du linge. Deux officiers l'assistaient dans son labeur. L'un devait devenir le général Duncan, l'autre le général Brune, par la suite maréchal. Une fois arrivé au pied de l'escalier, qui menait à la chambre de Robespierre, Fréron cria : « *C'est Barras et Fréron* », s'annonçant ainsi lui-même. Le dictateur était debout, enveloppé d'une sorte de chemise-peignoir. Il sortait des mains de son coiffeur, sa coiffure achevée et poudrée à blanc. Les besicles qu'il portait ordinairement n'étaient pas sur son visage. Ses yeux, dans sa figure blême, se portèrent, avec quelque étonnement, vers ses visiteurs qui le saluèrent et auxquels il ne rendit pas leur salut. Puis, se tournant vers un miroir suspendu à sa croisée, il prier son couteau de toilette et racla la poudre qui cachait son visage, il ôta, toujours silencieux, soit peignoir, qu'il plaça sur une chaise, puis cracha par terre, sur les pieds de Barras et de Fréron, sans un mot, d'excuse, sans leur prêter la moindre attention. Fréron dit alors :

« *Voici mon collègue Barris, qui a été plus décisif qu'aucun militaire dans la prise de Toulon. Nous avons fait notre devoir au péril de notre vie, comme nous le ferions à la Convention. Il est bien pénible, quand on est aussi francs du collier que nous, de se voir l'objet des accusations les plus indignes et des calomnies les plus monstrueuses. Nous sommes bien sûrs qu'au moins ceux qui nous connaissent comme toi, Robespierre, nous rendront justice, et nous la feront rendre.* »

« Robespierre, le visage immobile, gardait le silence. Il demeurait debout et n'invitait pas ses collègues à s'asseoir. Le tutoiement ayant paru lui déplaire, Fréron, aussitôt, usa du « vous. » Barras ajouta alors que cette démarche auprès de lui était celle de l'estime sentie pour ses principes politiques. La figure demeurent de pierre, « comme le marbre glacé des statues ou le visage des morts déjà ensevelis. »

Soigné de sa personne avec une tendance au dandysme, faisant plus jeune que son âge, vivant avec une religieuse défroquée sur laquelle les détails manquent, Hébert était le porte-parole de la plèbe irritée confondue, avec des échappés de prison pour crimes de droit commun, les filles publiques, en gros toute la lie de la capitale. Sa feuille ordurière, mais habilement rédigée, convenait à cette écume qui est le dernier terme de la Révolution. À distance la lecture en est monotone et sa crudité estompe ainsi. J'ai dit que le succès du *Père Duchesne* fut prodigieux, sans comparaison avec les autres feuilles révolutionnaires, et dressa, contre son directeur, ses collègues moins heureux que lui. Il y eut à un moment donné un fort parti hébertiste mais qui ne survécut pas au saut de son effroyable chef sous le couteau de Samson.

Une même ambiance enveloppe ces hommes si divers et dominés par les plus bas instincts. Ils sont en proie à un vertige de domination et d'orgueil qui les pousse à la mort par les intrigues, la popularité éphémère, les tractations illusoires et une sorte de délire interne d'ordre psychopathologique. Ces traits communs leur font à tous un destin commun. Il semble bien, sans qu'on ait là-dessus des renseignements sûrs, qu'un conspirateur de génie, qui ne peut être que le baron de Batz, ait fortement aidé à cette sorte de purge géante, qui marqua les derniers temps de la Terreur. Mais quelle que fût son énergie, de Batz n'eût pu réussir sans la coopération de l'atmosphère morale, sans le mouvement qui aboutit à l'extermination progressive de tous sauf un, lequel était un jeune officier au regard clair, à l'ambition frénétique : Bonaparte.

De Brissot qui fit voter la guerre européenne par la Gironde et, malgré Robespierre, par la plupart de ses collègues, comme de Vergniaud, président de la Législative, il n'y a aujourd'hui rien à dire si ce n'est que les pires événements, en régime parlementaire, peuvent être déterminés par des personnalités médiocres, comme ce fut le cas d'un Brissot et d'un Vergniaud. Quand Mathiez oppose ce dernier à Robespierre, pour lui préférer Robespierre, bien entendu, on lie peut s'empêcher de sourire. Il y avait au moins de l'étoffe, — celle du bourreau inspiré — chez Maximilien. Il n'y en a pas chez Vergniaud. C'était un phraseur et voilà tout.

Mais en dehors de ses vedettes, la Révolution de 1789 a eu ses hommes secrets et, au premier rang de ceux-ci, le général d'artillerie Choderlos de Laclos, l'homme de confiance de Philippe-Égalité, le stratège, selon quelques-uns, de Valmy, l'inventeur du boulet creux, le persécuteur de Marie-Antoinette. À celui-ci et aux *Liaisons dangereuses*, M. Émile Dard a consacré un ouvrage d'un puissant intérêt.

Le biographe de cet étrange personnage, placé à l'entrecroisement des deux siècles, assure avec raison que le dernier mot de ses secrets n'est pas dit. Vendit-il notamment, à la Convention, la tête de Philippe-Égalité, exécuté quelques semaines après sa victime, Marie-Antoinette, en novembre 1793 ? Tous les papiers de cette époque et de la « Fronde du Palais-Royal » furent ultérieurement apportés à Napoléon empereur par son préfet de police Savary, duc de Rovigo. Le Maître ordonna de les brûler, afin que ne fussent pas rouvertes de vieilles querelles.

Il en avait assez de nouvelles sur les bras !

Les premiers historiens, en date et en importance, de Marie-Antoinette, les Goncourt (1863), paraissent avoir attaché peu d'intérêt Laclos. On était, à cette époque, mal renseigné sur son compte. Ce fut lui pourtant qui recruta, au Palais-Royal, les gaillards habillés en femmes de la Halle, qui partirent pour donner l'assaut à Versailles et ramenèrent le « boulanger », « la boulangère » et le « petit mitron. » Son rôle, au 10 août, fut affirmé, puis contesté. À Londres, en compagnie de son maître, il avait fortement intrigué centre Louis XVI et la reine. C'était quelqu'un qui se faufilait, usait à l'extrême du subterfuge et du pseudonyme, voire du cryptogramme, comme en usa par la suite son admirateur et imitateur Stendhal, observateur, lui aussi, de la société de Grenoble.

Laclos aimait l'argent. Philippe-Égalité, jusqu'au moment où grugé, exploité à fond par Marat et Cie, il fut à peu près ruiné, passait pour l'homme le plus riche de France. Laclos tint compte de la circonstance. Âme du parti du Palais-Royal, il subit à son tour les demandes et chantages de la Montagne. Les intrigues de la Sûreté générale lui coûtèrent certainement fort cher et faillirent bien lui coûter la vie. Il fut emprisonné. Sans sa femme, dont le dévouement fut extraordinaire, et sans Alquier, c'était fait. Sa libération et celle de son frère suivirent de près le 9 thermidor.

Pourquoi et comment avait eu lieu la rupture avec Robespierre ?

Philippe-Égalité possédait trois millions de revenus du temps. Il « savait conserver jusque dans un souper de filles, la hauteur de manières d'un prince français. » De haute taille, obèse et rouge, comme dans son portrait par Reynolds, il avait introduit en France, avec l'anglomanie, les courses de chevaux, les clubs, les cabriolets et le frac anglais.

> « Les filles d'Opéra le chérissaient et prirent le deuil le jour de son mariage. »

Propriétaire des immeubles mal famés du Palais-Royal, et en tirant bénéfice, il était brocardé par Louis XVI qui lui disait :

> « En raison de vos boutiques, qui vous retiennent pendant la semaine, nous ne pouvons plus vous voir que le dimanche. »

En 1769, il avait épousé la fille du duc de Penthièvre et se trouvait ainsi appareillé à la princesse de Lamballe. En 1772, il fut élu grand maître des francs-maçons, sa sœur la duchesse de Bourbon était grande maîtresse.

« À leur suite tout le beau monde se mit des Loges. »

Maîtresse du duc d'Orléans et fort rouée, Mme de Genlis avait fait tous ses efforts pour empêcher Laclos, qu'elle redoutait en raison de ses écrits, d'entrer dans la place. Elle échoua. Son salon de Bellechasse devint le rendez-vous des futurs révolutionnaires, de Pétion et de Camille Desmoulins à Barère. En ce milieu, Laclos apparut sous les traits « d'un officier pensif » et qui méditait sur le moyen de parvenir, de se servir de son patron, sans pour cela négliger de le servir. Quand la Révolution commença, il avait supplanté Mme de Genlis dans la faveur du prince. Celui-ci était devenu populaire, en raison même de la haine qu'il portait à Marie-Antoinette et qu'il attisait par tous les moyens. Qu'il fût conseillé par Laclos, son homme de main, cela n'est pas douteux. De Talleyrand à Danton, tous les grands révolutionnaires furent soudoyés par lui. Laclos devint l'instrument de ce vaste plan d'émeute et de corruption.

« Jadis, *dit Taine*, il maniait en amateur les filles et les bandits du grand monde. Maintenant il manie en praticien foré, filles et les bandits de la rue. »

Talleyrand l'accuse d'avoir fomenté, au faubourg Saint-Antoine, l'émeute des ouvriers du papier, dite : affaire Réveillon.

L'échec aux causes encore obscures de la « petite Fronde » de Philippe-Égalité, sa fuite à Londres qui le rendit impopulaire, le rôle de Mirabeau, celui prépondérant mais ténébreux, de Laclos établi dans une petite maison d'Essonnes où se réunissaient les conjurés, le séjour du prince avec Mme de Buffon, sa maîtresse, 3 Chappel Street, près de Park Lane, sa vie amoureuse sous la surveillance de

La Luzerne, ambassadeur de France, et du policier Théveneau de Morande, la fréquentation du prince de Galles et de sa maîtresse Mme Fitz Herbert, d'énormes pertes d'argent dues à des spéculations maladroites, l'arrivée de Laclos à Londres, ses intrigues nouvelles, tout cela est conté par M. Dard avec infiniment de verve et d'esprit jusqu'au moment où Louis XVI se décida « à faire du mortel ennemi de la reine un ambassadeur à Londres » en remplacement de M. de La Luzerne. À ce moment la guerre fut sur le point d'éclater entre l'Angleterre et l'Espagne. Par deux fois, dans le courant de 1792, Talleyrand se rendit à Londres.

Revenu de Londres à Paris, Laclos se fit recevoir membre de la « Société des amis de la Constitution », qui tenait ses séances dans la bibliothèque du couvent des Jacobins, rue Saint-Honoré. Il y rédigeait le journal portant ce titre. L'élément populaire était exclu par le prix des cotisations. Les séances se tenaient le soir et n'étaient pas publiques. Le nouveau groupement affichait le plus violent mépris pour les autres clubs, qui pullulaient. Laclos prônait le droit de pétition, embryon du plébiscite :

> « Par ce moyen, un seul individu, sans sortir de chez lui, peut faire parvenir à l'assemblée une pétition revêtue de toutes les signatures du royaume, une sorte « d'appel au peuple. »

Le mot y est.

Après le droit de pétition, la première liberté réclamée par l'auteur des *Liaisons dangereuses* est celle, absolue, de la presse. Chaque jour, il expose une idée surprenante, tantôt rationnelle, donné les principes nouveaux, tantôt saugrenue et même baroque. Il prend position contre Brissot, pour la monarchie « constitutionnelle », et l'on devine quel est le prince qui, dans son esprit, doit remplacer Louis XVI. Il préconise en somme la tactique par l'extrême gauche, qui demain, comme il est d'usage, le débordera. Pour le reste, c'est un inventeur et une imagination enflammée. On le voyait souvent à la tribune. Ainsi parvint-il au poste envié de secrétaire général des Jacobins. Il travaillait à la fuite du roi, qui lui eût laissé le terrain libre pour la candidature de Philippe-Égalité. Il avait aux Jacobins de nombreux complices et « un compère fort avisé », Danton. Par la suite, vu la mobilité de son caractère et de ses ambitions, Laclos devait irriter les Jacobins, prompts à crier à la trahison, passer de la monarchie constitutionnelle à la République et devenir, grâce à Danton, commissaire du pouvoir exécutif. En retraite depuis quinze mois, âgé de cinquante ans et dégoûté de la politique, il allait mettre les ressources de son tempérament militaire au service de la Patrie. Il s'installa aux côtés de Servan, ministre de la Guerre, et l'on s'est demandé, récemment, s'il n'avait pas été, près de Dumouriez, le véritable vainqueur de Valmy.

Son plan, qu'il insuffla à Servan, était :

« Ne pas livrer de grande bataille, épuiser, énerver l'ennemi, lui couper ses communications et présenter sur la Marne, en y concentrant toutes nos forces, un front imposant qui barrerait la route de Paris. »

Ce devait être, cent vingt-deux ans plus tard, la tactique victorieuse de Joffre !

Laclos, devenu suspect, ainsi que son frère, personnage grisâtre, fut, lui secrétaire général des Jacobins, interné à Picpus, tout proche d'être guillotiné (lettre très digne et déchirante à sa femme), fut sauvé par son ami de la Sûreté générale, Alquier, échappa aux griffes de Robespierre, puis, le temps s'étant écoulé et Philippe-Égalité ayant été guillotiné, devint secrétaire des hypothèques, traversa le Directoire, s'enthousiasma pour Bonaparte, participa au 18 brumaire et voulut, malgré la surveillance des bureaux, rentrer dans l'armée. Il mourut général à Tarente, n'ayant pas fait fortune, et, semble-t-il, désabusé. Il est le type de l'ambitieux forcené de cette époque, trouble entre toutes, qui va de la chute de la monarchie et de la fronde du Palais-Royal à l'Empire, en traversant le sanglant cloaque de la Terreur. Il portait en lui, avec un don littéraire exceptionnel et des talents militaires de premier ordre, une âme tourmentée, instable et un de ces tempéraments, excessifs à froid, qui font les destinées tragiques. Il semble bien qu'il ait conçu ce que manqua Robespierre et que Bonaparte réalisa. Homme de génie, capable des pires cruautés, croyant trop au succès par la bande — comme on dit au billard — il rata le coche.

Le cas de Laclos annonce celui de Bonaparte qui, pour arriver au pouvoir dictatorial, joua lui aussi la carte révolutionnaire et fit massacrer les royalistes le 13 vendémiaire. Comme un potier fait quelques tentatives dans le même sens avant de réaliser son idée majeure, la Providence, avant d'arriver à son dessein, procède à quelques expériences. Nous appelions jadis, Maurice Nicolle et moi, ces sortes de préparations historiques des précurseur similaires. On peut dire en ce sens que Laclos fut le précurseur similaire de Bonaparte, ainsi que Moreau, plus que Moreau.

Généralement la succession des générations régit la succession des sociétés et cette dernière s'accomplit sans heurts excessifs, en quelque sorte par infiltration. Il n'en fut pas de même en raison de la secousse révolutionnaire, pour les deux générations et sociétés dont la première va de 1700 à 1789 et la seconde de 1789 à 1815. Un abîme les sépara, abîme en idées, en hommes, en circonstances.

Un monde naît, différent de celui qui disparaît et le lien religieux se relâche. Quelques rares figures sont orientées alternativement vers le passé et vers l'avenir. Parmi elles on peut citer Talleyrand, que Bonaparte n'aimait point parce que l'autre connaissait ses trous et défaillances profondes, et il traitait de « m... dans un bas de soie. » On connaît d'autre part le mot de Talleyrand sur l'empereur :

« Quel dommage qu'un si grand homme soit si mal élevé ! »

Par la lutte qu'elle mène contre la religion catholique, laquelle refrène les bas instincts de la nature humaine, en instaurant l'autorité spirituelle, la révolution comme sa séquelle, la démocratie parlementaire, animalise la personne humaine. Elle ne considère que l'individu rejeton électoral aux mains de l'État, auquel elle donne le nom de citoyen. L'aboutissement nécessaire d'un principe aussi faux, c'est d'abord la contrainte générale sous les formes les plus diverses, puis pour accentuer cette contrainte fiscale, économique, juridique, etc. la Cour avec tout ce qu'elle comporte de dissimulation, de lâcheté et de férocité. Comme les symptômes cliniques d'une maladie grave ces états, moraux et sociaux, dessinent la courbe de la Révolution de 1789 à laquelle succédera logiquement, on peut même dire biologiquement, le premier empire.

Au premier rang des hommes secrets de la Révolution il faut compter, Louis Mortimer Ternaux nous l'assure, les membres du comité de Sûreté générale. Ceux-ci abandonnent à leurs manifestations tapageuses les membres du comité de Salut public, qu'ils dépouillent lentement, mais sûrement, de ses prérogatives, auquel ils laissent, avec les apparences, les responsabilités dangereuses. Quelques-uns, comme Chabot, se croyant plus habiles, oscillent entre les deux comités de gouvernement. Tôt ou tard ils seront démasqués. Chabot, il est vrai, était, comme Danton, un voleur et qui ne tenait pas à partager le fruit de ses rapines. Le fromage de la compagnie des Indes attirait d'innombrables mouches, ainsi que les biens abandonnés par les émigrés, volés au clergé, et dont l'estimation occupait une armée de scribes bien rétribués. Ce fut l'origine des collectionneurs et des marchands d'antiquités, attelés par la suite au bric-à-brac romantique.

À toutes les époques troublées les pirates de terre apparaissent et se battent autour des bonnes affaires. Leur intérêt ignoble, après avoir profité de la convulsion, est de revenir à l'ordre pour stabiliser leurs rapts et profiter des biens, ecclésiastiques ou autres, mal acquis. Cette considération n'avait pas échappé à Balzac, peintre des robins de la Restauration.

Il lui doit quelques-uns de ses plus beaux romans.

Balzac a peint, dans les *Chouans*, les heurts de l'amour et de la politique, mais il n'a pas peint les ténèbres de la Terreur, ni les hommes qui l'avaient préparée et devaient être ses victimes. Barbey d'Aurevilly a roulé ce livre dans sa tête et ne l'a pas réalisé. Il reste, pour les romanciers de l'avenir, une mine inexploitée et magnifique, car pour qu'un roman soit valable, il lui faut, avec une partie active, une réserve obscure, comme il faut, aux courses de taureaux, une partie vouée à l'ombre et une au soleil.

La courbe de la Révolution, telle qu'elle nous apparaît, comporte plusieurs parties :
- L'excitation antireligieuse et matérialiste des esprits ;
- L'intrigue de Cour en faveur du duc d'Orléans ;
- Les manœuvres tirées du mauvais état des finances, les fausses famines ;
- L'assaut donné directement à la monarchie, au roi et à la reine ;
- Le désarroi des assemblées ;
- La patrie en danger ;
- Son exploitation par les républicains ;
- La tuerie interne et la Terreur ;
- La dictature de Robespierre ;
- La réaction du neuf thermidor ;
- L'ascension de Bonaparte ;
- La tuerie extérieure et la guerre pour rien ;
- Waterloo.

Un point essentiel de la courbe révolutionnaire est l'intervention de la racaille, dont Laclos, les comités de gouvernement et Marat avaient, en première ligne, compris l'importance. Il a existé en effet, à toutes les époques, une lie de la société, plus ou moins reliée à la police politique, qui emploie ces éléments à titre d'indicateurs. De cette lie une partie est libre et vit de la prostitution, c'est-à-dire du commerce des femmes sous le contrôle de la dite police. Une partie est dans les prisons, que les troubles de la rue permettent d'ouvrir : « *Nous lâchons les tigres* », disait, en mai 1871, un membre de la Commune. Ce sont les hommes et les femmes de cette lie qui mettent le feu, coupent les têtes, se livrent à mille dégâts et atrocités, et deviennent, à un moment donné, en semant l'épouvante et débordant leurs employeurs, les maîtres de la Révolution.

Au plus fort de la révolution dreyfusienne, d'un type spécial et qui mérite une étude à part — car elle préparait la guerre européenne — Waldeck-Rousseau, qui savait l'histoire, jugea le moment venu d'utiliser la crapule et l'on vit son pantin, le président de la République Loubet, présider une inauguration de la statue d'Étienne Dolet, place Maubert, avec le concours de tous les maquereaux du voisinage. Ce fut une belle frairie, fort convenable à cette énorme, mystification de l'innocence du traître Alfred Dreyfus. Pomponné, vêtu avec élégance, riche, bien posé dans la société, bien vu au Palais où il plaidait les causes fructueuses avec une connaissance approfondie du Code civil, sachant ouvrir et fermer les portes de la Sûreté générale, Waldeck avec ses yeux glauques filtrant un regard morne sous des paupières tombées, était un personnage de 1793. Le rencontrant souvent chez son beau-père le professeur Charcot, je l'imaginais grimpant sur la fatale charrette, hué par les bêtes féroces qu'il avait lui-même déchaînées. C'était le temps où, valet du pouvoir, Paul Hervieu faisait jouer une apologie de la fille Terwagne, dite Théroigne de Méricourt, l'animatrice des tricoteuses et qui assassina de sa main François Suleau.

Il est vrai qu'elle mourut folle à la Salpêtrière, assise nue dans ses excréments.

Michelet, dans son *Histoire de la Révolution*, ouvrage passionné et de haute allure assure que les massacres de septembre, triomphe de la crapule révolutionnaire, furent perpétrés par six mille individus environ sur sept cent cinquante mille Parisiens, qui laissèrent faire. C est ce qu'on appelle les minorités agissantes. Ces six mille gredins étaient les mêmes que ceux recrutés un siècle plus tard par la police de Waldeck-Rousseau.

Ils sont toujours disponibles pour la même besogne, qui est la subversion de la société, ou, plus précisément, sa fonte purulente.

Après les vedettes, les hommes secrets, la tourbe, il faut faire leur place aux anguilles de l'Histoire, à ceux qui traversent les pires bouleversements, sans être le moins du monde incommodés, et auxquels correspond la fameuse formule de Sieyès : « *J'ai vécu.* » Ceux-là ont su garder leur peau en flattant les uns et les autres, en disparaissant aux heures tendues, en ne reparaissant qu'après les crises, en ne se compromettant ni par leurs écrits, ni par leurs propos.

Ils crient eux aussi quelquefois avant qu'on les écorche et pour ne pas être écorchés.

C'est au milieu des massacres de septembre que s'ouvrit la Convention, la plus étrange assemblée qui fût jamais, et où toutes les passions se déchaînèrent à la fois, y compris celles du sang et de la panique. On peut la définir un cauchemar en action.

CHAPITRE IV

La Patrie en danger

Les défenseurs et apologistes de la Révolution ont coutume de mettre ses excès sur le compte de la nécessité où elle se trouvait de défendre le sol de la Patrie contre les rois conjurés pour sa perte avec les « traîtres » de l'émigration. C'est ce qu'on appelle la thèse de la défense telle que la présentèrent Aulard et Clemenceau. Ce dernier disait :

« Les réactionnaires ne nous montrent qu'une forcenée, les yeux hors de la tête, l'arme à la main, là où il y avait un être ardent et généreux, pris à la gorge par de nombreux adversaires et cherchant à se débarrasser d'eux comme il pouvait. » Or le cas de force majeure ne saurait excuser en aucune façon la sarabande de vols, de spoliations, d'assassinats censés légaux, déchaînés de 1792 à 1794 et qui constituent l'histoire de la Terreur. L'armée de Condé était dans son droit en cherchant à débarrasser le pays, coûte que coûte, de l'effroyable tourbe de rêveurs sanguinaires et d'escrocs qui avait mis la main sur lui. Le roi débonnaire s'identifiait avec la Patrie, la famille royale avec la famille française ; c'était cette patrie, c'était cette famille que l'on voulait égorger, selon le mot célèbre de Danton prononcé au procès de Louis XVI :

« Nous ne voulons pas juger le roi, nous voulons le tuer. »

Que *la Marseillaise* soit un beau chant de guerre, nul ne le conteste, mais cela ne fait pas que le bonnet rouge soit une belle coiffure et que la Convention n'ait pas été peuplée de trafiquants et de bandits. C'est Albert Mathiez, apologiste de Robespierre, qui le démontre dans l'ouvrage capital dont j'ai déjà parlé.

Après de terribles échecs, les armées de la Révolution qu'animait cette idée baroque, mais frénétique, qu'elles combattaient pour la liberté, commandées par des chefs de réelle valeur militaire dont Dumouriez est le prototype, munies de cet instrument nouveau, l'artillerie, créée par le ministre de Louis XVI, Gribeauval, ces armées où régnait une vieille discipline, traditionnelle, héritée des ancêtres, où la hiérarchie subsistait avec les anciens cadres, l'emportèrent sur leurs adversaires. Valmy et Jemmapes, les campagnes de Belgique et du Rhin, portèrent le renom de nos armées jusqu'aux confins de l'Europe et ouvrirent la voie à un grand et funeste capitaine qui devait être Bonaparte.

On discute encore sur la victoire de Valmy, selon bien des auteurs, maçonnique et consentie par Brunswick, attribuée par quelques-uns à la savante stratégie de Laclos. En tout cas, c'est Dumouriez qu'embrassa Robespierre à la Convention, avant qu'il eût lâché la Révolution et fût qualifié de traître par ceux qui l'encensaient la veille. Quelque temps après, Laclos, dans son laboratoire de Meudon, expérimentait les boulets creux, qui devaient faire une belle carrière. Une génération d'officiers se formait dans une nation vivant, depuis des siècles, à l'abri de ses familles militaires. chez les Vendéens, comme chez les révolutionnaires. Les Lescure, les Charette, les Cathelineau, les La Rochejacquelein, les d'Elbée, les Bonchamp, les Stofflet, luttant pour la vérité religieuse et politique se heurtèrent aux Westermann, aux Hoche, aux Marceau combattant pour l'erreur révolutionnaire, comme le grand nom de Georges Cadoudal s'opposa a celui de Napoléon Bonaparte. Le manque d'armes et de cohésion vint à bout de la Vendée, mais elle demeurera dans l'Histoire, par ses chefs et par leurs vertus, très au-dessus de la Révolution, et le terme de « brigands », appliqué à de semblables héros par ce brave Michelet, est comique. Ces lignes, écrites avec la boue de la haine, suffiraient à enlever tout sérieux à son Histoire, lyrique et falsifiée, de la Révolution.

Quelques-uns ont renvoyé dos à dos Vendéens et sans-culottes, comme également passionnés et féroces, bien qu'en sens contraire. Vous reconnaisse-là cette manière libérale, qui met sur le même plan la vérité et l'erreur, le vice et la vertu, l'irréalisme et le réel. Pardon, pardon ! Les Vendéens ne défendaient pas seulement leurs convictions et leurs croyances et cela jusqu'à la mort, *pro aris et focis*. Ils défendaient aussi le bon sens. À courage égal, ils avaient encore pour eux la raison, déesse immortelle et sans laquelle on ne fait rien ici-bas d'utile ni de durable. Quand Hoche, à Quiberon, faisait fusiller des centaines de vaillants Français, parce que royalistes, se montrait-il fort supérieur à Marat, à Carrier, à Collot d'Herbois, à Lebon et aux autres ? Je ne le pense pas, et c'est une honte, je le dis sans fard, que d'avoir élevé sa statue sur le théâtre même de son ignoble exploit.

Gaxotte a cité quelques-uns des traits de la furie guerrière qui animait les Girondins et qui se résumait dans cette formule :

« La guerre est actuellement un bienfait national, et la seule calamité à redouter, c'est de n'avoir pas la guerre. »

Ils ajoutaient cette énormité :

« La guerre est sans risque. »

À toutes les objections qualifiées de pusillanimes, répondait la foi-mule de la levée en masse. Jusqu'à Carnot qui se préoccupa sérieusement et avec suite de l'équipement, du commandement, de la formation des troupes et, avec Prieur de la Côte-d'Or, arracha au chaos l'organisation militaire, ou demeura dans la phraséologie belliqueuse et le chœur impétueux :

Par la voix du canon d'alarme
La France appelle ses enfants...

C'est un grand bonheur pour les sans-culottes que les armées de la Révolution aient eu devant elles l'incapable Brunswick au lieu d'un Frédéric II.

Le mot du Girondin Brissot : « *Nous avons besoin de grandes trahisons* », donne l'atmosphère de l'époque.

Il se complète par la harangue enflammée de Vergniaud :

> « Je vois, de cette tribune, les fenêtres d'un palais où des conseillers pervers trompent le Roi que la constitution nous a donné, forgent les fers dont ils veulent nous enchaîné et préparent les manœuvres qui doivent nous livrer à la maison d'Autriche. Je vois les fenêtres d'un palais où l'on trame la Contre-Révolution, où l'on combine le moyen de nous replonger dans les horreurs de l'esclavage, après nous avoir fait passer par tous les désordres de l'anarchie et par toutes les fureurs de la guerre civile. Le jour est arrivé, messieurs, ou vous pouvez mettre un terme à tant d'audace, à tant d'insolence, et confondre enfin les conspirateurs. L'épouvante et la terreur sont souvent sorties dans les temps antiques, de ce palais fameux. Qu'elles y rentrent aujourd'hui au nom de la loi. Qu'elles y pénètrent tous les cœurs. Que tous Ceux qui l'habitent sachent que notre Constitution n'accorde l'inviolabilité qu'au Roi.
>
> « Qu'ils sachent que la Loi y atteindra sans distinction tous les coupables et qu'il n'y aura pas une seule tête convaincue d'être criminelle qui puisse échapper à son glaive. »

La reine était clairement désignée et menacée. Le parti de la guerre, avec le ministre Narbonne, l'emportait. Partisan de la paix, le ministre des Affaires étrangères de Lessart était décrété d'accusation et envoyé en Haute Cour. Dumouriez prenait les Affaires extérieures, Clavière les Finances, Servan la Guerre, Lacoste la Marine, Roland l'Intérieur.

Le 20 avril Louis XVI, emporté par le mouvement, avait déclaré la guerre au roi de Hongrie et de Bohème, et le décret était voté à la quasi-unanimité.

Ainsi s'était engagée la conflagration générale au milieu d'une ardeur belliqueuse qui marquait, avec la chute de la monarchie et la condamnation de Louis XVI, le plus haut point de l'exaltation révolutionnaire.

À ce procès du roi se donnèrent rendez-vous toutes les calomnies, tous les faux témoignages, tous les mensonges d'une époque barbare et souillé. Le récit le plus complet, et le plus saisissant en a été fait par Louis Mortimer Ternaux dans sa *Terreur*. Mais c'est aux Goncourt, qu'il appartient d'avoir fixé, en traits inoubliables, l'aspect à l'Albert Dürer du vote terminal.

« — Cette assemblée est la Convention, cette crinière noire, c'est Billaux-Varennes. Ce pantalon de coutil, c'est Grand ; ce bonnet rouge, c'est Armonville, et cet habit neuf, c'est Marat ; ces drapeaux, ce sont les drapeaux de l'Autriche et de la Prusse, et ce jour c'est le 17 janvier 1793. Louis Capet est coupable de conspiration contre la liberté et la nation et d'attentat à la Sûreté générale.

« La Convention va ordonner de l'homme. Elle vote sa vie ou sa mort. Voilà soixante-douze heures, qu'elle est en séance. Mille rumeurs, — Des bouffées de bruit qui, par instant, entrent dans la salle du dehors et du café Payen, les glapissements étouffés des colporteurs qui crient *Le Procès de Charles premier* à toutes les avenues de l'assemblée. — Une clé qui grince dans une serrure de tribune. — Mille bruits que scande, de moment en moment une voix grêle, *la Mort !* une voix forte, *la Mort !* une voix émue, *la Mort !* une voix ferme, *la Mort !* Il est nuit. Les lueurs vagues promenées dans les coins de la salle rendent la scène étrange. Des hommes qui votent on ne voit que le front et les clartés pâles des flambeaux le font blanc. Le sommeil pèse sur les yeux ; La fatigue courbe les têtes. Voici un votant qui dort ; On l'éveille. Il monte à la tribune : *la Mort !* Il bâille et il descend. La salle rit : c'est Duchastel qui, malade, vient en bonnet de nuit, voter contre la mort ; Cependant, dans les tribunes réservées, ce ne sont que gaies cavalières, minces vertus, frais minois, tout entre-colorés de rubans ; Elles caquettent, grignotant des oranges, pendant le ballottage de la tête d'un roi. Un conventionnel vient, salue ; Les liqueurs arrivent. Les demoiselles de humer. Puis elles regardent, se rejettent au fond de la loge, font la moue et disent : « Combien encore ? » se remettent, et écoutent tomber dans les demi-ténèbres *la Mort !*

« Au-dessus d'elles, là-haut, dans les tribunes publiques, le peuple boit vin, eau-de-vie et trinque chaque fois que vibre sourdement la mort ! — Et les aboyeuses qui y ont, révélera plus tard Fréron, leurs places marquées, et la robuste mère Duchêne font de gros « ah ah ! » quand elles n'entendent pas bien *la Mort !*

« Et tandis que la France décide si elle tuera, les femmes, avec des épingles piquent des cartes à chaque vote. Elles ont parié le régicide ! La tribune dit *la Mort !* L'épingle pique, la carte avance. »

Positivement on y est et de tant de pages évocatrices, dues aux Goncourt, celle-ci est sans doute la plus accomplie.

Le principe de la levée en masse est le même que celui du suffrage universel et le complète. Il a été repris par le romantisme, alors que Victor Hugo déclarait par voie d'affiche, après la défaite de Sedan :

« Ils —les Allemands — sont des centaines de milliers d'envahisseurs. Vous êtes trente millions de Français. Levez-vous et soufflez dessus. »

Or, une armée n'est pas une foule, et une heure d'enthousiasme, si elle suffit à en rassembler les éléments ne permet ni de l'habiller, ni de l'équiper, ni de la nourrir, ni de l'instruire, ni de la lancer, avec quelque chance, au combat. C'est ce que comprit Lazare Carnot, c'est ce qui lui permit de rétablir la situation en se tenant à l'écart, résolument, des fluctuations du pouvoir civil. Il fut secondé, dans sa tâche, par un certain nombre d'officiers patriotes qui étaient dans les mêmes dispositions de caractère que lui. On sait qu'il avait désapprouvé l'assaut donné aux Girondins avec une ténacité implacable et qui devait aboutir à leur perte.

On avait commencé par recourir aux enrôlements volontaires, et les estampes ont popularisé ceux-ci et les déchirements familiaux auxquels ils donnèrent lieu. Puis, quand la première flamme fut tombée, on eut recours aux appels légaux contrôlés par les commissaires de la Convention. Mais ceux-ci donnant des résultats pitoyables à l'intérieur — où ils se faisaient payer scandaleusement passe-droits et exemptions — comme aux armées où ils se jetaient dans les jambes des généraux, on eut recours aux municipalités qui, connaissant leurs administrés, se chargèrent, plus efficacement, de la besogne et de la chasse aux embusqués. Il régnait chez les conscrits un esprit de dévouement et de sacrifice dont l'amalgame avec les qualités d'endurance et de métier propres aux anciens devait donner de beaux résultats. Le souffle guerrier, prolongé en souffle militaire, des jeunes troupes révolutionnaires, s'accrut avec les premiers succès, notamment ceux de Valmy et de Jemmapes, et se concentra par la suite autour de Bonaparte qu'il accompagne pendant quinze années, d'abord comme consul, puis comme empereur. En fait la Révolution n'improvisa rien, puisque l'artillerie l'avait précédée, mais elle utilisa tout et recouvrit sa sottise et ses abominations des plis du drapeau tricolore.

Cependant les fournitures et marchés militaires donnaient lieu aux trafics, vols et déprédations qui sont de règle en pareil cas. La guerre est un fléau profitable à une nuée d'exploiteurs que l'État, occupé par des soins plus pressants, ne surveille, ni ne réprime.

Il faut ajouter à ceci que la guerre, en dépit de ses fatigues et de ses dangers — que nul ne prévoyait alors devoir se prolonger si longtemps — arrachait à la misère et aux discordes et menaces intérieures, une foule d'hommes jeunes et entreprenants. Ils y trouvaient un déversoir et une diversion. La menace des tribunaux révolutionnaires et improvisés, menaces étendues à la France entière, s'écartait d'eux. Le grand alibi devenait la frontière. Cette liberté dont tout le monde parlait et qui se traduisait surtout par la servitude de la peur, devenait aux armées une réalité, le fusil ou le sabre à la main. Entre chefs et soldats l'égalité devant la mort est la règle et la fraternité est commandée par le salut commun. Ainsi s'explique la sorte d'ivresse qui s'empara des jeunes recrues, arrachées, par la *Marseillaise*, aux ignominies de l'ambiance, aux tristesses de la vie publique, à ses appréhensions quotidiennes.

La monarchie française, par sa prudence, avait créé d'immenses réserves matérielles et morales. La Révolution, puis l'Empire les gaspillèrent follement pour de vaines chimères et des besognes idéologiques. Ensuite elles se glorifièrent de ce gaspillage comme d'un triomphe remporté par le progrès sur l'obscurantisme et le parti prêtre. De grands talents littéraires s'emparèrent de ce thème et l'exploitèrent à fond.

Ainsi se fonda la démocratie.

Quand on recherche, à travers les débats de la Constituante et de la Législative, les idées directrices de la Révolution et quelle prétendit, après la chute de la monarchie au Dix Août, imposer à l'univers civilisé, on s'aperçoit qu'elles n'existent pas, qu'elles reposent sur trois ou quatre paradoxes ne correspondant à aucune réalité, bien que gravées sur tous les monuments publics. Comment ces paradoxes, dont un enfant sent la fausseté, ont-ils soulevé l'enthousiasme d'une partie importante de la nation, qui a donné sa vie pour eux, voilà qui ne peut s'expliquer que par l'aberration naturelle, en certains cas, à l'esprit public.

*de glace pour la vérité,
Il est de feu pour les mensonges.*

Ce fut une griserie qui se porta sur les utopies de la seconde moitié du XVIIIe siècle. Celles-ci embrasèrent les naïfs, puis les roublards les utilisèrent et quelques succès militaires donnèrent à penser qu'elles allaient s'imposer à une civilisation, qu'elles menaçaient dans ses profondeurs. Les chants de l'époque expriment cela. Ils nous ont transmis l'ardeur, le mirage qui s'empara des cervelles, la certitude qu'on entrait dans une ère nouvelle, où se révélait, sous tous ses aspects, la Justice jusqu'alors méconnue. Chose curieuse, la presse est ampoulée, outrecuidante mais, en dépit de tout, terne et même baroque. Le simple bon sens a disparu de ces métaphores, de ces prosopopées, de ces autoglorifications, dont abondent les discours révolutionnaires Ces orateurs n'ont rien à dire, du moment qu'ils ne veulent pas avouer la vérité dont nous parlerons tout à l'heure, et qui est la volonté de prendre les biens du voisin et de l'égorger s'il résiste.

Une fois le Roi chassé et exécuté, la première partie du programme est remplie et l'on arrive à la seconde, qui est le pillage de la fortune publique et le rapt des fortunes privées. Mais avant que ceci soit formulé en lois, on piétine et la guerre européenne vient à point pour fournir des thèmes aux tribuns, aux journalistes, à tous ceux vivant de cette formidable mystification, qui éclate dans les hymnes et les démonstrations populaires.

Grattez cette surface sonore, il n'y a rien, exactement rien.

On a tué, massacré des innocents par milliers, sur la foi de leurs particules ou des signes extérieurs de leur fortune. Leurs biens, leurs propriétés ont passé ou vont passer à d'autres. Les dupes crient au miracle, à la rénovation de la société. Les églises sont fermées ou brûlées. Les couvents sont dispersés. Les calvaires, en morceaux. Mais seuls les coquins ont tiré bénéfice de ce prétendu changement politique qui après quelques péripéties, va ramener une caricature de la monarchie, Bonaparte.

L'accentuation des partis devait causer leurs luttes, leurs entre-déchirements et convulsions et finalement leur extermination réciproque. Le parti de la guerre, représenté par les Girondins, méditait la conquête de l'Europe par l'idée révolutionnaire, sa dissolution et le passage d'un état de civilisation périmé à un autre, régi par les Droits de l'Homme. L'accueil favorable fait par la Belgique aux premiers accents de la *Marseillaise*, le succès de Dumouriez et de Custine sur le Rhin où ils n'opérèrent pas leur jonction, la retraite de l'armée de Brunswick, devenue une troupe désorganisée d'éclopés, encourageaient la majorité girondine. De leur côté, les Montagnards, Marat, Danton et Robespierre cri tête, préféraient que la Révolution ne perdît pas ses forces au dehors et procédât aux réformes intérieures, c'est-à-dire à la spoliation des riches — fort appauvris par les assignats — puis à leur destruction.

Les seconds accusaient premiers de fédéralisme et de vouloir soulever la province contre Paris. Ce fut l'origine des dramatiques affaires de Lyon, où fonctionnèrent Fouché et Collot d'Herbois, et de Toulon, dont les péripéties hideuses nous remplissent encore aujourd'hui d'horreur et de dégoût. Puis ce fut la scission de la Commune et d'une partie de la Convention rebelle au joug terroriste des Montagnards. Aucun des historiens de la Révolution n'a pu jusqu'ici suivre par le détail ces luttes intestines et combinées que mènent, avec le concours des étrangers comme Anacharsis Cloots, des aigrefins des fournisseurs militaires, ou de la Compagnie des Indes. Aucun n'a pu déterminer le moment précis où, de l'intrigue, ces luttes passèrent à l'accusation directe, puis à la guillotine. Cela tient à ce que d'un clan à un autre il y avait des transactions, des délations, des désertions.

Un Danton faillit s'entendre avec Dumouriez qui voulait d'abord le rétablissement de la monarchie avec Louis XVII, puis prendre la direction d'un État personnel formé par la conjonction du nord de la France et d'une partie des Pays-Bas.

À plusieurs reprises les deux hommes se rencontrèrent ; Hélas, ils se séparèrent brusquement et Danton se jeta dans une surenchère folle, et dans la politique des massacres.

L'assassinat de Marat par Charlotte Corday, l'héroïne normande, devait porter au paroxysme cet état de choses et inspirer aux hommes de la Terreur une terreur plus grande en faisant pointer une réaction salutaire qui trouva finalement son expression fatale au 9 thermidor. Mais si tel est le dessin général de cette période qu'éclaire seulement la lueur sinistre de la machine à Guillotin, le détail moral nous en échappe à tous les tournants. Gaxotte a fait cette remarque qu'en politique extérieure, la Convention, à certains moments, sembla se rapprocher des conceptions de Richelieu comme si elle était mue par une nécessité intérieure et dont on ne distingue pas la trame. Puis, brusquement, elle est ressaisie par le goût brigandage et l'ardeur à l'assassinat de forme judiciaire que symbolise le nom de Fouquier-Tinville.

L'histoire des perturbations apportées par les événements dans l'administration et les bureaux au cours de la période révolutionnaire est encore à écrire. Nous ne connaissons, et *grosso modo*, que le fonctionnement et le personnel de la Sûreté générale et de son comité, véritable association de malfaiteurs dont les actes criminels furent innombrables.

Mais comment et par qui furent remplacés les détenteurs de charges et de directions importantes, notamment aux finances et à la guerre ?

Quelles protections présidèrent à ces mutations dont quelques-unes mystérieuses ?

Quels furent les parlementaires de la Gironde et de la Montagne les plus compromis dans ce travail sourd et capital ?

Autant de questions auxquelles des renseignements épars et incomplets ne permettent que malaisément de répondre. Les bénéficiaires immédiats du régime, installés dans des fonctions qui étaient pour eux une nouveauté, ne tenaient guère à se montrer, ni à paraître, dans la crainte de changements inattendus. Leur fidélité à leurs protecteurs était liée à la fortune branlante de ceux-ci. Toutefois, avec la guerre étrangère s'imposa la nécessité d'équipes compétentes et laborieuses, que symbolisa le nom de Carnot, créateur et inspecteur général des 14 armées levées aux frontières. Mais pour le commandement de ces équipes il fallut bien avoir recours à des hommes de métier dont les plus habiles et, par suite, indispensables, étaient parfois suspects de tiédeur vis-à-vis du nouveau régime. Ceux-là se cadenassaient dans leurs bureaux et ne cherchaient guère à se faire valoir, même pour l'avancement. Ils n'affichaient pas un zèle qui aurait pu les compromettre, et se réfugiaient dans l'anonymat. S'il y eut de nombreux scandales parlementaires, il y en eut peu dans le fonctionnariat, et qui n'eurent guère de retentissement.

Pendant la Commune de 1871, de nombreux fonctionnaires demeurèrent à leur poste, sans se soucier des nouveaux maîtres dont la domination ne devait durer que six semaines. On peut supposer qu'il en fut de même du 10 août au 9 thermidor et que c'est ce qui permit à l'énorme machine de marcher encore à peu près parmi les éboulements et les ruines de la politique. Les comptes rendus des tribunaux révolutionnaires ne signalent pas de coupes sombres dans les rangs que je viens de dire, ce qui prouve que la police politique avait ménagé ces collègues moins favorisés, les avait laissés à leurs grimoires.

La loi des suspects, les décrets adjacents passèrent sur eux sans les décimer. Il y eut dans leurs rangs peu de délateurs. Il est à supposer que la plupart d'entre eux attendaient avec une réelle impatience la fin des troubles et le moment où eux-mêmes ne seraient plus payés en assignats, c'est-à-dire en monnaie de singe. Les journaux et libelles les laissaient tranquilles ainsi que leurs familles et c'était tout ce qu'ils demandaient. Ils prenaient part, modestement, aux réjouissances populaires et, le cas échéant, aux repas en commun.

Sous la Convention et du fait des tendances diverses qui l'agitaient, la France présentait le spectacle affligeant d'une marqueterie morale poussée au, paroxysme, et dont les divers éléments cherchaient une solution qu'on n'apercevait pas, un chef, soit civil, soit militaire. Il y avait les révolutionnaires proprement dits, ceux qui avaient créé le mouvement, divisés eux-mêmes en deux grands partis, dont l'un, le plus à gauche, s'appuyait en outre sur la Commune ; les Vendéens, soulevés contre la tyrannie rouge ; les émigrés prêts à s'unir avec tous ceux qui, du dehors, voudraient leur apporter leur concours pour le rétablissement de la monarchie, soit par la force des armes, soit par l'intrigue. Les combattants enfin, groupés autour des drapeaux et de la cocarde tricolore et reliés par une discipline consentie avec enthousiasme. L'exécution monstrueuse de Louis XVI, opérée sans aucune espèce de raison, servant seulement de pierre de touche pour la sincérité de la foi républicaine, devenue le nouveau dogme, avait causé un ébranlement général des consciences favorable aux Vendéens, mais qui se heurtait aux nouveaux espoirs inclus dans les victoires de Carnot. L'heure devenait peu à peu militaire, dans le même temps que les luttes des partis, luttes parlementaires, aboutissaient à l'écrasement de la Gironde que la logique eût dû faire victorieuse au-dedans, comme la guerre l'était au dehors. La carte sortie de ce jeu compliqué fut celle de Robespierre dont la dictature s'établit brusquement, alors que ni son éloquence, ni sa personne, ni les circonstances extérieures ne la laissaient prévoir, puisqu'il s'était prononcé contre, les conquêtes et le prestige dit commandement guerrier. Dans toutes les convulsions politiques, il y a des points obscurs, qui tiennent aux frottements des ambitions et des convoitises. Mais en fait les historiens de la Révolution, soit pour, soit contre, n'ont jamais pu arriver à se mettre d'accord sur cette cristallisation autour de cet homme froid, ami de la controverse, discutailleur, mystagogue et féroce par manque de contact avec le réel.

La nature des choses désignait à sa place le démagogue Marat, primaire excessif, d'accord avec les passions sommaires de la populace qui se reconnaissait en lui. Mais le 13 juillet 1793, la veille de la fête anniversaire du massacre de la Bastille, il se produisit cet événement extraordinaire qu'une belle vierge normande, appartenant à un milieu vendéen et contre-révolutionnaire, prit sa résolution, vint à Paris, acheta un couteau bien effilé et alla assassiner Marat dans sa baignoire à domicile. Cet événement, dont le retentissement et les conséquences furent énormes, mérite d'attirer un moment notre attention. Comme dans l'expérience dite des « *larmes bataviques* », Charlotte Corday coupait la pointe du régime révolutionnaire, fondé à l'intérieur sur la crainte, et en déterminait l'écroulement.

Des divers ouvrages consacrés à Charlotte Corday, celui de feu Albert-Émile Sorel est sans doute le plus complet et laisse voir le côté providentiel de cette étonnante affaire. Quant au caractère de l'héroïne, on le comprendra mieux après avoir lu les *Prisonniers de Malagra* de M. Étienne Aubrée, où se trouvent décrits le milieu et le supplice du prince de Talmont, un des chefs de l'insurrection vendéenne, le caractère de Bougon-Longrais, correspondant et amoureux de Charlotte, et ce groupe de Caen si contrasté, si original et si tragique.

> « Dans sa longue lettre à Barbaroux écrite avant de mourir, la descendante de Corneille se souvient de Bougon-Longrais. »

> « Je vous prie, Citoyen, de faire-part de ma lettre au citoyen Bougon, procureur-général-syndic du département ; je ne la lui adresse pas pour plusieurs raisons. D'abord je ne suis pas sûre que dans ce moment il soit à Evreux, je crains de plus qu'étant naturellement sensible, il ne soit affligé de ma mort. Je le crois cependant assez bon citoyen pour se consoler par l'espoir de la Paix.

Je sais combien il la désire et j'espère qu'en la facilitant, j'ai rempli ses vœux ! »

« C'est à Bougon-Longrais, *dit M. Étienne Aubrée*, que Charlotte Corday empruntait les ouvrages de philosophie de l'époque dont la lecture avait pour elle un si grand attrait. Bougon possédait une vingtaine de lettres de Charlotte au moment où elle venait d'assassiner Marat. Tous deux avaient discuté, verbalement ou par lettres, sur des sujets d'histoire, de politique, de littérature. Charlotte et Bougon avaient pris plaisir à ce commerce. Certes, elle avait découragé plusieurs prétendants : M. de Boisjugan, M. de Tournélis, d'autres peut-être ; la descendante directe de Pierre Corneille répétait à ses amis que jamais elle ne renoncerait à sa liberté, qu'aucun homme ne serait son maître.

« Cependant, il est permis de dire, aujourd'hui, que Bougon-Longrais fut amoureux de Charlotte Corday comme Chénedollé fut amoureux de Lucile de Chateaubriand. »

Un courant d'admiration pour l'antiquité avait, dès ses débuts, parcouru les milieux révolutionnaires, courant qui se retrouve dans les prénoms attribués aux jeunes enfants et dans l'organisation des fêtes et banquets populaires et de quartier. Le souvenir de Brutus, meurtrier du « tyran » César, avait hanté les imaginations. Mais ce qui demeure mystérieux c'est comment cette jeune fille, éloignée des fièvres de Paris et ne connaissant de la politique que les bribes qui en parvenaient en Normandie, conçut et exécuta un dessein si hasardeux avec cette précision quasi somnambulique. Devant le tribunal révolutionnaire, son sein étant apparu au dehors une seconde, elle le cacha avec une rapide confusion et qui témoignait de sa pudeur naturelle.

Quel était ce Bougon-Longrais qui lui était cependant apparu comme un amant et époux possible, malgré son désir de liberté et qu'entendaient, par ce mot magique, révolutionnaires et contre-révolutionnaires de cette étrange époque ?

Ce qui est certain, c'est que le coup de couteau « de haut en bas » de Charlotte Corday eut, dans les imaginations, principalement chez les femmes, une répercussion extraordinaire, évoqua sainte Geneviève, Jeanne d'Arc, les héroïnes de notre Histoire, inspira la conjuration des dames de Sainte-Amaranthe et même celle de Mme Tallien, alors Theresia Cabarrus, l'amie de Joséphine Beauharnais, et qui fut appelée Notre-Dame de Thermidor. L'acte de la cornélienne Charlotte ranimait l'apparition fulgurante de la femme dans l'Histoire dans le même temps où le martyre de la reine Marie-Antoinette soulevait d'indignation tous les cœurs sensibles.

Je n'ai fait que signaler le rôle de la jeune artillerie, la nouvelle arme constituée sous Louis XVI par Gribeauval, dans les guerres de la Révolution, et qui leur assura la victoire, de même que l'emploi des obus creux, invention de Laclos. Ainsi dans la dernière partie de la guerre européenne, de 1914-1918, l'emploi des tanks, auxquels ne croyait pas le commandement allemand, fut pour beaucoup dans la victoire des alliés. Le commandement militaire français de 1792-1793 tira un grand parti immédiat de la nouvelle invention et le génie amplificateur de Bonaparte en comprit par la suite l'importance et modifia d'après elle les règles du combat.

Le côté mathématique de la guerre en reçut une nouvelle impulsion.

À la bataille de Waterloo, Wellington, qui avait, compris la puissance souveraine de l'artillerie, se servit d'elle pour foudroyer la cavalerie impétueuse des Français.

Aujourd'hui, parmi les brumes de l'avenir se dessine le rôle de l'aviation, non seulement dans le bombardement des villes, mais dans celui des approvisionnements, comme dans celui des états-majors.

La conjonction de la guerre étrangère et de la guerre civile, parvenue en peu de temps à sa phase sociale, la voix menaçante du canon d'alarme avaient produit à Paris une atmosphère toute spéciale dont nous rendent compte les Goncourt qui écrivaient leur livre soixante ans seulement après les événements révolutionnaires et d'après une foule de documents encore chauds de la lutte et d'estampes françaises et anglaises. Atmosphère de jactance et d'exaltation, de sourde réprobation contre les guillotinades, de malaise orgueilleux et de crainte généralisée.

Les marottes se succédaient.

Selon les uns il fallait associer le monde paysan, méfiant et réfractaire, à l'enthousiasme qui emportait prétendument le reste de la nation. D'où la glorification, à certains jours donnés des animaux domestiques et des instruments aratoires.

Selon les autres, la création des sans-culottides, ou fêtes des cinq jours, grefferait dans l'imagination des enfants et des jeunes gens l'amour de la liberté et de l'égalité.

Ces fêtes, résultant de la réduction de chaque mois de l'année à trente jours, devaient se décomposer ainsi : fête du génie (on croit déjà entendre Victor Hugo) ; fête du travail ; fête des actions ; fête des récompenses ; fête de l'opinion, où l'on avait, pour vingt-quatre heures, le droit de tout critiquer et de tout tourner à la blague.

Dans les années bissextiles, à ces cérémonies serait adjointe une fête de la Révolution et de tous les progrès accomplis.

La Commune de Paris, en 1871, présentait une curieuse analogie de position avec cette période de la Terreur et Thiers en eut certainement le sentiment. D'où la répression féroce à laquelle il procéda quand il eut obtenu des Allemands la restitution des 80 000 prisonniers français qui lui étaient nécessaires pour cette opération.

Cependant que les batailles succédaient aux batailles et que le couteau de la guillotine s'abattait sans relâche sur des têtes innocentes, le pays était à l'encan. Les bandes noires et les bandes jaunes, celles-ci composées de juifs qui avaient leur café et lieu de réunion et de trafic à Paris, rue Saint-Martin, allaient raflant par les provinces les objets de valeur, les tableaux, les pendules, les bijoux volés dans le pillage des domaines seigneuriaux, des vieux hôtels. Les meubles précieux, les joyaux inestimables, réquisitionnés par des bandits affiliés à des clubs inexistants, par une nuée de pirates assermentés, étaient entassés dans des voitures, ainsi que des toilettes de bal, et transportés vers la capitale ou expédiés en Angleterre. Là fonctionnaient des sortes de bourses on de bric-à-brac, où les voleurs écoulaient leurs marchandises au rabais entre les mains des receleurs. Des fortunes s'édifièrent ainsi dans le rapt brutal et soudain auquel les propriétaires n'osaient pas s'opposer.

Ce ne fut plus seulement le ci-devant, ce fut le riche, quel qu'il fût, qui devint l'ennemi et fut menacé de l'arrestation et de la machine à Samson, s'il ne s'exécutait pas. La dénonciation, le chantage sévissaient d'un bout à l'autre de la République. L'abolition de la magistrature régulière ne laissait plus subsister que les tribunaux révolutionnaires, où des juges improvisés condamnaient à tort et à travers, selon leurs ressentiments, ou leurs convoitises. Le prétexte du « complot contre la liberté » couvrait ces exactions sans nombre. Combien regrettaient alors de n'avoir pas émigré à temps « comme les princes », d'avoir attendu les perquisitions qui aboutissaient toujours à un butin pour les chasseurs de suspects et laissaient des châteaux entièrement vides, literie comprise, heureux si leurs habitants n'étaient pas en même temps emmenés en prison ou au supplice pour étouffer leurs réclamations et leurs plaintes.

Qu'est-ce que la Révolution ?

Un vaste déménagement, répondaient les railleurs, auxquels il ne restait parfois que leurs yeux pour pleurer.

À qui demander justice ? Celui sur qui tout reposait en cette matière et qui soutenait l'antique édifice des coutumes et des lois ayant subi l'épreuve du temps, celui-là, le roi, avait eu la tête tranchée. En vain cherchait-on son remplaçant parmi ce grouillement d'hommes d'assemblée, qui prenaient pour quelques semaines figure de chefs, puis retombaient aussitôt dans l'oubli, le mépris ou la colère, comme des marionnettes désarticulées. La consommation de ces derniers était formidable et l'abbé Morellet, reprenant les thèses de Swift, en venait à recommander, à leur endroit, l'anthropophagie. Aux yeux de ses premiers propagandistes, successivement victimes de leurs chimères, le vrai visage de la Révolution apparaissait.

Mais il n'apparaissait que masqué par une sorte d'auréole glorieuse et militaire, qui devait faire dire par la suite à Clemenceau la phrase fameuse :

« La Révolution est un bloc. »

La *Marseillaise* allait couvrir les voix, les cris des victimes, les roulements des tambours de Santerre. Tout le reste était cauchemar, sacrifice pour l'obtention de la victoire, bain de sang où s'était refait le corps de la Patrie. Pendant un siècle cette légende allait courir, célébrée sur tous les tons par des poètes officiels tels que Mme de Noailles et Edmond Rostand et avant l'antipatriotisme issu de l'affaire Dreyfus, par l'immense majorité des instituteurs.

Une collection d'illuminés et d'assassins allait ainsi devenir « les grands ancêtres. »

N'anticipons pas. Nous n'en sommes qu'à cette entre-tuerie farouche qui, après la disparition de Marat, aboutit à la dictature de Robespierre, successeur désigné de l'Ami du Peuple.

CHAPITRE V

Foules et Dictateurs

Nous sommes, à l'heure où j'écris ceci, à cent cinquante ans de la Révolution française.

Cela commence à être une bonne distance de perspective pour discerner la part des hommes et la part des choses dans cette convulsion collective. Le rôle de l'imprimé, c'est-à-dire de la presse, a été, nous l'avons vu, considérable. Celui des assemblées par le rassemblement des clubs aussi. Des assemblées sont nées les partis et les factions qui bientôt allaient s'entre-déchirer. La presse travaillait pour les rassemblements populaires, pour l'orientation de la foule ou, comme on dit aujourd'hui, des masses. Les assemblées, délégations des foules, étaient censées travailler pour la sélection d'une élite qui imposerait ses vues à la nation. Mais les partis, leurs querelles et leurs tractations imposèrent bientôt aux dites assemblées, privées de direction royale, le choix d'un plus grand dénominateur commun, d'un chef à l'autorité reconnue, au besoin tyrannique, en un mot d'un dictateur. Ce phénomène est de tous les temps et de tous les pays. Il est à la fois organique et, dans le cas de la Papauté, spirituel. Il peut se compliquer d'un conflit entre l'organique et le spirituel, comme il arriva pour Bonaparte — devenu empereur — et pour Pie VII.

Le gouvernement de la foule ou par la foule, de la masse ou par la masse est un objectif de la Révolution et de sa séquelle, la démocratie.

Ce fut, dans l'antiquité, le cas de Marius, qui échoua devant le génie supérieur de Sylla. Il nous est demeuré de Sylla ceci qu'il retarda, en battant Mithridate, la pénétration de l'Occident par l'Orient. Ceci encore qu'il sauva du siège d'Athènes les manuscrits d'Aristote, lesquels eux-mêmes, à côté de la Grâce, guidèrent saint Thomas d'Aquin pour la Somme, reliant ainsi la métaphysique à la mystique. De cette synthèse est sortie la civilisation, bijou puissant et fragile que menace, à travers les âges, la convoitise barbare.

Or, la foule dégage l'instinct et dans ses parties les plus basses. Elle est amnésique et immédiate. La réflexion n'a aucune part dans ses mouvements. Comme elle s'écrase aux portes d'un théâtre incendié ou d'une cité menacée par un tremblement de terre, elle s'écrase aux portes d'un État bouleversé par la secousse révolutionnaire.

À la ruée succède la panique.

La Révolution professait, avec Rousseau, que, les instincts humains étant bons, le rassemblement de ces instincts ne l'était pas moins. Ce qui est absurde, je veux dire contraire à la réalité. En outre la foule est ignorante, non seulement de l'histoire, car le passé ne l'intéresse pas, mais de ses propres réflexes et de leur direction. Lâchée à travers les rues et les places, ou signifiée dans des bulletins de vote, elle court à sa propre perte avec le même entrain.

La foule, en dehors de ses caractères généraux, diffère selon les nationalités. La foule parisienne est et a toujours été particulièrement mobile et nerveuse. Les gens de mon âge ont pu l'observer au temps du boulangisme, dressée contre les assemblées et passionnée pour un beau soldat, devenu à ses yeux l'incarnation de la Revanche. La soirée du 27 janvier, où le général n'avait qu'à se présenter à l'Élysée, au milieu de l'immense acclamation populaire, faisait comprendre ces grandes liesses, révolutionnaires, ces enivrements collectifs, non pour un homme, — je parle au début — mais pour un mot symbolique et entraînant : celui de liberté.

Car c'est sur le thème de la liberté que s'enflamma d'abord la population parisienne. Celui d'égalité, celui de fraternité, destiné à masquer l'âpreté de la revendication égalitaire ne vinrent qu'un peu après.

Dans une foule en mouvement toutes les virtualités sont en puissance. La sensualité présidait aux Saturnales. Lors des funérailles de Victor Hugo et dans la nuit qui précéda, les gens faisaient l'amour autour de l'Arc de Triomphe, et les bordels ne désemplissaient pas où les filles portaient, en signe de deuil, des chemises noires. Si le vieux des *Chansons des Rues et des Bois* avait pu voir cela, il eût été bien content et bien fier. Car il était un débridé masqué, un démagogue en chaleur.

Dans les foules sauvages qui, au temps de la Terreur, se pressaient aux massacres des prisons ou sur le passage des charrettes fatales, on remarquait des sautes d'humeur soudaines. Certains, certaines qui croyaient marcher au supplice, reconnus, on ne sait pourquoi, innocents ou innocentes, étaient raccompagnés en triomphe à leurs domiciles, au milieu des acclamations. Le cortège des dames, de Sainte-Amaranthe, en chemise rouge, avant la guillotine, souleva la foule d'horreur et de colère. Il retourna Paris d'indignation et de pitié contre son idole Robespierre.

Fouché avait calculé cette réaction. Les gens disaient du nouveau tyran :

« *Il* est comme un roi. »

C'était le comble du mépris et de l'indignation. Les jeunes enfants eux-mêmes participaient à ces retournements et huaient les idoles d'hier conduites à l'échafaud. Danton, parait-il, n'en revenait pas.

Les salles de théâtre donnent un spectacle analogue, bien que la foule y soit assise et devant des fictions. Sur une réplique maladroite, sur un geste mal interprété, les spectateurs se cabrent brusquement et la pièce s'écroule en quelques minutes, sans que l'on puisse y porter remède.

On saisit là, sur le vif, combien la popularité est chose fragile.

La popularité de Dumouriez, le vainqueur de Valmy, fut tout d'abord immense. Il avait délivré Paris d'un grand poids, de l'approche des Kaiserlicks. Quelques mois après, il n'en restait plus trace. Il était considéré comme un traître. On le vouait à l'échafaud.

On peut dire que ces retournements sont la règle et Clemenceau, l'organisateur de la victoire, en fournit un bon exemple. Attraction, répulsion, toute popularité en est là.

Parfois, comme dans le cas de Clemenceau, la formule se complique : Attraction (1886), Répulsion (1892), Attraction Enthousiaste (1918), Oubli (1920.)

Il est bon de remarquer que la popularité de Dumouriez était déjà militaire. Celle de Moreau également.

La destinée tâtonnait.

La popularité de Robespierre, vif et distant de en personne et accusé, à un moment donné, de dandysme, tint surtout à sa probité scrupuleuse dans les questions d'argent. Entouré de fripons, le sachant, il vécut sobrement, en subsistance chez les Duplay et conquit le surnom d'Incorruptible. Il semble avoir été l'un des premiers à comprendre le jeu parlementaire, qui ne consiste pas seulement en discours retentissants, où il n'était d'ailleurs pas de premier ordre, mais en approches et en combinaisons. Les quelques rapports que nous possédons sur son attitude à l'assemblée le montrent assidu, attentif, méfiant et même peu accessible. Il s'appliquait à connaître les gens et, quand il les connaissait, à les dominer. C'est ainsi qu'il fit avec Saint-Just, avec l'infirme Couthon, les dirigeant, et les captant, puis, le moment venu, les lançant dans l'arène et les manœuvrant à sa guise.

Au début de la Révolution et quand son effort semblait devoir se limiter à l'établissement de la République par l'élimination du roi, l'entente était possible entre les assaillants, à la Constituante comme à la Législative. Il y avait un but simple, uniquement politique, à atteindre et qui paraissait à portée de la main. Il fut atteint au dix août par le meurtre de Mandat, chef militaire de la résistance très possible, mais lequel reçut de Louis XVI l'ordre de se rendre à l'appel insolite de la Commune qui l'assassina. C'est aussitôt après les massacres dantonesques de septembre, avec la réunion de la Convention, qui les suivit immédiatement, que la lutte pour le commandement unique, pour la dictature Commença entre les chefs de parti et sur ces deux thèmes : le mirage de la liberté et du bonheur, puis la patrie en danger. Nous venons d'examiner, pour le second, ce qu'il en fut. Pour le premier il développa ses conséquences avec cette farouche logique qui marque les diverses phases, ramassées dans le temps, de la Révolution de 1789.

Comment atteindre le bonheur par la liberté ?

Par la suppression des privilèges. Ç'avait été la nuit du quatre août, l'amendement Le Chapelier et la suite, assez pauvres en résultats visibles et tangibles.

Par la multiplication des assignats, d'où augmentation catastrophique des prix de vente. Il fut reconnu alors que ce n'étaient pas seulement les nobles, dont la plupart avaient émigré ou émigraient qui s'opposaient à la liberté et au bonheur, mais les riches en général. Marat et Robespierre semblent avoir fait cette découverte en même temps, puis le couteau de Charlotte Corday laissa Robespierre seul en présence de ce problème non plus seulement politique, mais social.

La popularité venait à lui et son autorité augmentait chaque jour. Il se rendit compte qu'il y avait deux sortes de bonheur, l'un pour le corps et qui pouvait être obtenu par le partage des richesses, l'autre dans la croyance en un dieu vague, réglant tout, administrant pour le mieux au-delà de l'existence terrestre : l'Être suprême. Il fit organiser des fêtes en l'honneur de l'Être suprême, comme les dirigeants organisent, de notre temps, des conférences démonstratives et optimistes à la radio. Les ruses d'assemblées — d'une assemblée où il paraissait omnipotent — passèrent alors pour lui au second plan, et les embûches dirigées par la Sûreté générale contre sa personne lui faisaient hausser les épaules.

Mais dans ces milieux policiers aussi et dans les sociétés athées qui leur étaient suspendues comme des fruits talés à des branches pourries, beaucoup de gens s'irritaient de voir les « bondieuseurs » recommencer sous une autre forme avec des pythonisses à la clé. Inaccessible aux tentations d'argent, Robespierre l'était beaucoup moins aux tentations idéologiques.

Il faut aussi noter un trait commun à beaucoup de parlementaires et à la plupart des chefs de file de l'époque. Ces hommes sortis du Tiers et vivant modestement et obscurément se sont vus soudain — car tout cela s'est opéré avec rapidité — portés à la lumière de l'actualité par le régime des assemblées ; l'à propos d'un discours bien placé, d'une repartie heureuse, la fébrilité du nouveau leur ont valu une réputation, une popularité souvent éphémère, mais qui les a démesurément gonflés. Ils se sont cru des surhommes capables, après avoir renversé un monde, en s'appuyant sur la multitude chauffée par leurs articles et leurs harangues, d'en créer un autre. S'ils étaient amoureux, comme Camille Desmoulins leurs amours devenaient célèbres. S'ils s'occupaient de constitution, comme Sieyès, ou d'enseignement comme Condorcet, leurs élucubrations étaient débattues, érigées en textes de lois, conquéraient, fût-ce pour quelques heures, l'assentiment des gens de goût et la faveur populaire, ou bien indignaient et faisaient scandale.

D'où, chez la majorité d'entre eux, un immense orgueil que personne ne prenait, comme il aurait fallu, au comique, si ce n'est quelques journalistes réactionnaires tels que Suleau, Champcenetz et compagnie.

Voilà nos gens, hier obscurs, au pinacle, et, derrière eux, bien d'autres, attendant leur tour. D'où la décision de la Constituante qu'aucun de ses membres ne serait rééligible à la Législative, ce qui fait que la faible expérience, acquise depuis le début du grand chambardement, était nulle.

Des trois pouvoirs sans contrepoids, le législatif, l'exécutif et le judiciaire, lequel l'emporterait ?

Il était entendu qu'on ne pouvait être à la fois ministre et représentant du peuple. Révolution abâtardie, la démocratie a supprimé cette barrière et les ministres se sont recrutés couramment parmi les parlementaires, cependant que le pouvoir judiciaire allait, au point de vue de l'indépendance, s'effritant et se dissolvant. C'est là un des points où l'on saisit le mieux l'abaissement de la démocratie, parlementaire ou plébiscitaire. Sous la seconde, je veux dire sous Napoléon III, un haut magistrat, le président Devienne, arbitrait la rupture du lamentable empereur et de sa maîtresse Margot Bellanger, courtisane devenue enceinte de son amant. Toute la magistrature était à vau-l'eau et demeura telle sous la troisième République. De la dignité de l'ancienne magistrature il ne demeura que la toge, noire ou rouge, et la toque.

Pour les grandes affaires politiques, il fut entendu, par la suite, qu'elles relèveraient de la Haute Cour, c'est-à-dire du Sénat transformé en Haute Cour, et ne seraient point sujettes à révision. J'ai vu ce système fonctionner lors de l'affaire Malvy, bailleur, de fonds du *Bonnet Rouge*, feuille de trahison en pleine guerre, subventionnée à la fois par la police allemande et le ministre de l'intérieur français. J'étais le principal accusateur de Malvy qui fut, finalement condamné. Je connais donc la question à fond. Seule l'atmosphère de guerre fit que je l'emportai, alors que je n'étais pas encore député. Mais ultérieurement, Millerand étant président de la République et Poincaré président du Conseil, mon fils Philippe âgé de quatorze ans et demi fut, assassiné par la police de Sûreté générale à l'instigation d'un homme à tout faire du premier, directeur de la Sûreté générale, et du beau-frère du second, contrôleur à la dite Sûreté. Je fus condamné à cinq mois de prison pour crime de paternité, en dépit de l'évidence des faits. Le pouvoir judiciaire ne comptait plus.

J'en reviens, après cette digression nécessaire, à la griserie du pouvoir législatif dès les débuts de la Révolution française, griserie qui devait mener au triumvirat en fait de Marat, Danton et Robespierre, puis à la dictature du troisième, fondée sur une crainte qui le perdit.

Du dehors ces mouvements, si logiques qu'ils fussent, semblaient à l'étranger incompréhensibles, les Belges, par exemple, nos voisins immédiats, avaient commencé par acclamer nos armées « libératrices. » Le pillage de Sainte-Gudule par les sans-culottes leur donna dans la suite à réfléchir et c'était sur leur territoire que devait s'effondrer la fortune du fils de la Révolution, du second dictateur, Bonaparte.

Il y eut donc un moment, après le dix août, où chacun, parmi les parlementaires, se crut apte à devenir le maître, où les ambitions commenceront à fermenter tandis que se cristallisaient les partis. Certains crurent qu'ils pouvaient réconcilier et dominer à la fois la Montagne et la Gironde, et c'est dans ce dessein que Vergniaud vota la mort du roi. Son infamie, qui a terni sa mémoire, ne devait pas d'ailleurs le mener loin. Il y entra peut-être de la peur, car il n'avait pas le cœur aussi haut placé que Barnave ou que Barbaroux. Mais si, dès 1790, on avait pu ouvrir la poitrine de tous ces détenteurs du pouvoir législatif, on y eût certainement lu :

« Pourquoi pas moi ? »

À côté des forces de transaction et de marchandage il faut tenir compte, dans les assemblées, des forces de dislocation. Les oppositions de caractères, le jeu des humeurs et rivalités personnelles, une certaine perversité tapie au fond du cœur humain, peuvent porter ces passions au maximum, les rendre dévorantes. C'est ce qui se produisit, suivant une progression rapide, en 1791, 1792, 1793, et l794. *Homo homini lupus*, et Hobbes, s'il eût pu observer cela, eût été bien content. La Révolution, pendant ces quatre années, fut un laboratoire de psychologie comme il y en a peu d'exemples en histoire, un laboratoire hâtif.

Sa fièvre était morbide, c'est pourquoi elle n'a pas produit un très grand homme comme la Contre-révolution, laquelle a engendré Georges Cadoudal. Celui-ci ne pensait pas à lui-même et pas un grain de son être moral qui ne fût vertu au sens latin du mot. Il n'est pas sorti de lui un acte vil, ni une parole basse. Il dominer, de toute sa hauteur, les pires circonstances. Danton, Robespierre, Couthon, Saint-Just furent dominés par elles, entrechoqués par elles, détruits par elles. L'*impavidum ferient ruinæ* s'applique à un Cadoudal, à un d'Elbée, à un Lescure, à un La Rochejaquelein qui n'étaient pas des hommes d'assemblée. Il y a entre autres un mot magnifique de Clemenceau :

« Une assemblée ne supportera jamais un homme totalement dévoué à l'intérêt national »

Donc fermé aux manœuvres et aux intrigues. Naissant au parlementarisme, un Danton, un Robespierre, un Couthon, un Saint-Just, intriguaient et manœuvraient déjà, dans l'œuf, pour ainsi dire. Ils avaient cet immense avantage d'être à Paris, au centre des choses et des gens, non à deux cent cinquante, trois cents kilomètres de là, dans des régions à demi sauvages, des chemins creux faits pour la défensive, non pour l'offensive, et sans débouchés.

Enfin, là aussi, pas d'artillerie, pas d'arsenal où en fabriquer, et, en dépit des efforts surhumains, de Cadoudal, rien à attendre, de l'Angleterre, ni des princes.

Dans les commissions, où devrait s'élaborer en principe le travail des assemblées, il y avait quelques bûcheurs, qui seraient devenus, sous la monarchie, d'excellents commis. Un Prieur de la Côte-d'Or, un Carnot, un Robespierre lui-même, qui avait fait de fortes études au Collège de Clermont (depuis Lycée Louis-le-Grand.) Mais la plupart du temps les projets de loi et les rapports étaient déjà ou saugrenus, ou bâclés et, bien qu'ils fussent régulièrement distribués, la majorité des parlementaires n'en prenait pas connaissance. Le comité de Sûreté générale se les faisait communiquer et se renseignait sur la personnalité de leurs auteurs. Ce simple fait, dont les historiens n'ont généralement pas tenu Compte, donne la clé de bien des événements de cette époque tragique. Lorsque, pendant la guerre, je commençai à m'occuper des affaires de trahison, quelques fonctionnaires de la rue des Saussaies intéressés par ma campagne, me firent parvenir des renseignements ainsi qu'à mon collaborateur Marius Plateau.

Par la suite, je reçus un nombre considérable de dossiers, concernant des hommes politiques plus ou moins en vue, que je remis moi-même à la commission d'enquête du Sénat installée pour l'instruction de l'affaire Malvy-*Bonnet Rouge*. C'est ainsi que, par analogie, j'appris à connaître quelques dessous de la Terreur et de ce qu'on appelle ses secrets d'État. Les indicateurs de la police politique d'alors, maîtres chanteurs pour le plus grand nombre étaient assez chichement rétribués, et trouvaient leur compensation ailleurs. L'institution par Danton, qui allait devenir leur victime, des tribunaux révolutionnaires augmenta beaucoup le champ d'action de ces dangereux personnages.

C'est certainement par cette voie que Robespierre prit, connaissance de la formidable gabegie parlementaire décrite par Albert Mathiez. L'Incorruptible en conçut une profonde amertume et s'en ouvrit à ses intimes Saint-Just et Couthon qui, eux-mêmes, ne tinrent pas leur langue. Si l'on voulait revenir à la définition comique de Montesquieu — la République, régime de la Vertu — une réforme générale des mœurs était nécessaire. La prostitution et le jeu devaient être balayés. Tout un personnel de surveillance, pire que ceux qu'il avait pour mission de surveiller, devait être remplacé. Dictateur et, dans sa pensée, dictateur à vie, Maximilien imagina de nouveaux buts purificateurs vers lesquels il résolut de se diriger implacablement, sans tenir compte des obstacles, masculins ou féminins, qui se présenteraient.

L'époque avait besoin d'utopies. Un nouveau mythe s'installa à côté de celui de l'Être suprême, et devait faire une fortune éclatante : le mythe du progrès.

> « L'humanité, dira peu après Auguste Comte, est comparable à un seul homme qui apprendrait continuellement. »

Vue simpliste, mais la Révolution était primaire et le primaire prétend trouver des solutions immédiates et simples à tous les problèmes.

Or, la prétendue loi du progrès ne tient compte ni de l'erreur, ni de l'oubli, ni de la répugnance qu'apporte un inventeur, dans quelque domaine que ce soit, à prendre la suite d'un prédécesseur. L'erreur est fréquente, même et surtout chez les grands esprits. Charles Nicolle l'a dit fort justement :

> « L'homme de génie ouvre plus de faux chemins que de vrais. »

En politique l'erreur était de croire que le gouvernement de plusieurs était préférable au gouvernement d'un seul prolongé par l'hérédité, et de mettre les délibérations, d'une assemblée, foncièrement incompétente, au-dessus des décisions d'un conseil du roi. Cette erreur nous l'avons payée et nous continuons à la payer assez cher. Quant l'oubli, il baigne toutes nos connaissances, les plus élevées comme les plus humbles. Le Léthé se glisse partout et nous en avons continuellement la preuve. Enfin l'intelligence originale s'efforce, par définition même, à ne pas jurer dans les paroles du maître, à ne pas poser les pas dans les pas. Babinsky a anéanti l'hystérie de son maître Charcot. Pierre Marie a détruit la thèse des localisations cérébrales, renouvelée des « bosses » de Gall.

On pourrait multiplier les exemples.

Ce qu'on peut dire, c'est que certains problèmes opposés à l'humanité vont soit en se simplifiant, soit en se compliquant, alternative analogue à celle de la systole et de la diastole cardiaque, de l'inspiration et de l'expiration pulmonaire, de l'analyse et de la synthèse, etc. Souvent ce qu'on gagne d'un côté, on le perd de l'autre et Edmond de Goncourt a pu, avec quelque raison, intituler sa pièce philosophique *« à bas le progrès. »*

La Révolution, puis son continuateur le romantisme, avaient trouvé l'accusation d'obscurantisme pour les négateurs du progrès. Selon eux ces négateurs sont les prêtres de la religion catholique qui enseignent cette véritable fraternité, non plus en paroles, mais en action, la charité. Le véritable révolutionnaire était tenu de croire que l'Histoire de France commençait en 1789 et que ce qui s'était passé avant elle, notamment au Calvaire, ne comptait pas. Rien de plus imbécile, de plus platement et sordidement niais ne saurait être imaginé.

Le principal progrès à envisager, toujours dans la pensée de Marat et de Robespierre, puis de Robespierre seul, c'était l'installation du bonheur pour tous, ou du moins de la possibilité de ce bonheur : soit l'égalisation des fortunes. Mais comment égaliser les fortunes ? En opérant un partage des biens, mobiliers et immobiliers, égal pour tous. Opération impossible, car rapidement la réalité des échanges referait des différences et l'injustice sociale reparaîtrait. Emporté par ses méninges évidemment malades, Marat en était arrivé à concevoir la décapitation massive des possédants comme le seul moyen d'ouvrir au véritable peuple la voie du bonheur. C'est alors que la vengeresse Charlotte Corday lui ouvrit le chemin de la damnation éternelle. Lui parti, Robespierre plus raisonnable, d'accord avec Saint-Just, le doctrinaire de l'extravagance, imagina un système de lois qui déposséderait les possédants et transmettrait, sans les décapiter, tous leurs biens aux déshérités. Ainsi par une simple série de décrets tous les riches deviendraient pauvres et tous les pauvres deviendraient riches. C'est ce qu'on appela les lois de Ventôse. Elles devaient, comme nous le verrons, coûter la vie à leurs inventeurs.

Le mythe du progrès a ceci de remarquable qu'il peut s'accommoder à toutes les sauces et à toutes les fantaisies. Pour les escrocs de haut vol le progrès — je prends un exemple entre mille — consiste à extorquer aux rentiers leur argent par le régime de l'inflation qui réduit leurs rentes à néant, sans qu'ils puissent recourir aux tribunaux. Pour les cambrioleurs de petite extrace, comme dit Villon, le progrès s'applique aux outils matériels de leur profession, notamment au perçage des coffres-forts. Dans les colonies le progrès consiste à faire travailler avec le minimum de salaire les populations indigènes, et certaines banques s'y entendent à merveille. Il y a là certainement progrès démocratique sur les grands projets de Marat et de Robespierre. C'est en cela seulement que l'on peut dire que la démocratie a amélioré et fait progresser la Révolution.

La Constituante avait permis à quelques personnalités de s'affirmer. La Législative en fit émerger d'autres. La Convention laissa entrevoir à quelques-uns la perspective de la dictature, à ceux notamment qui s'étaient montrés les plus acharnés pour l'assassinat légal de Louis XVI, créant ainsi la vacance du trône. En fin de compte c'est dans la personne de Maximilien Robespierre que se concentra le rassemblement des pouvoirs, après quelques hésitations.

Ses thèses et doctrines concernant « les riches » avaient facilement conquis les masses, où les principes révolutionnaires avaient allumé l'*individia democratica*. Plus l'on couperait de têtes, plus de biens feraient retour à la nation, constituant des tas où chacun puiserait à pleines mains. L'Ami du Peuple avait justifié son titre en ressassant chaque jour les mêmes arguments sommaires que je viens de résumer. Ceux qu'incriminaient les assignats étaient par ailleurs de mauvais citoyens, favorisant des opérations louches et il n'y avait pour les réduire qu'à les faire éternuer dans le sang. C'est ainsi que, par la politique, on était arrivé à la question sociale et par le terrorisme à la dictature.

Des trois crises révolutionnaires qu'a subies la France avant de se figer dans une démocratie parlementaire d'usure lente par l'impôt excessif, celle de 1789 a été la plus longue et la plus importante, réelle de 1848, menant elle aussi à la dictature napoléonienne, la plus idéologique, généralement parlant, celle enfin de 1871, panachée de nationalisme et de socialisme, la plus brève et par cela même la plus significative. La dictature de Thiers y a mis fin en peu de semaines par la méthode sévère que Louis XVI, bien à tort et malgré le conseil de Mirabeau, n'avait pas employée au dix août. Le cher homme ne voulait, à aucun prix, faire couler le sang des Français.

Les « vingt-trois ans » de guerre signalés par Maurras lui ont répondu.

Au moment où j'écris, la défaite de la Révolution espagnole soutenue par la Révolution russe — devenue dictature de Staline — et dérivée de la Révolution de 1789 avec les mêmes foutaises et, les mêmes atrocités, vient d'être battue à plates coutures par la Réaction victorieuse du généralissime Franco. C'est là pour l'avenir de l'Europe un bon signe. Sous sa forme brutale et rapide, comme sous sa forme démocratique ou lente, la Révolution apporte aux peuples qu'elle touche la déchéance et la mort, et la Grèce de Périclès elle-même a succombé, malgré tous ses dons — le miracle grec — à la démocratie athénienne.

En tous temps, en tous lieux les mêmes causes produisent les mêmes effets. Il suffit de prendre un peu de recul pour s'en rendre compte.

Le gouvernement révolutionnaire par les masses offre d'abord de grandes facilités à ceux qui s'emploient à exploiter la crédulité en apparence infinie de celles-ci et à allumer leurs convoitises. Mais il arrive tôt ou tard un moment où le dictateur est mis incapable de satisfaire tous les appétits déchaînés et où il doit imposer une limite aux réclamations et aux intrigues muées en complots contre sa personne. C'est la crise d'autorité à laquelle n'échappe qu'un seul régime, la monarchie héréditaire, au pouvoir tempéré et raisonnable, qui a fait la France.

Pour se maintenir malgré les difficultés financières et économiques qui surgissent sous ses pas, un gouvernement dictatorial n'a que deux moyens, il est vrai assez précaires : la guerre étrangère, à condition qu'elle soit toujours victorieuse. La Terreur au-dedans qui, trop accentuée, accumule à la longue des forces de libération lesquelles, faute de soupape, peuvent devenir irrésistibles. C'est un fait historique qu'il arrive un moment où la Terreur n'agit plus ou bien se retourne brusquement.

CHAPITRE VI

Autour de Thermidor

*J*usqu'à Albert Mathiez et à Jaurès — celui-ci succinctement — les Historiens de la Révolution, favorables à Robespierre, n'avaient donné aucune explication de la crise du 9 thermidor. Michelet avait fait un magnifique tableau de la fameuse séance de la Convention, où le dictateur, comme privé de ses moyens, avait rugi :

« Président d'assassins, je te demande la parole »,

où un député s'était écrié :

« C'est le sang de Danton qui l'étouffe. »

Taine, condamnant la Terreur, avec une justesse et une véhémence qui ne devaient être dépassées que par Gaxotte, n'avait donné aucune raison valable de ce retournement de la situation qui avait précipité soudain dans l'abîme, à l'applaudissement général, l'idole, un mois auparavant, de la population parisienne et ses deux compères, le cul-de-jatte Couthon et le beau Saint-Just. Je ne parle pas du misérable bouquin de Louis Barthou, confié à la diligence des « nègres » de cet érotomane, et d'une totale insuffisance. Mathiez s'étonne à juste titre qu'aucune corrélation n'ait été établie entre ce prodigieux événement et les lois de Ventôse, expropriant « les riches » au bénéfice des « pauvres », tendant à instituer une classe nouvelle, qui devrait tout à la Révolution et assurerait la transmission de son culte — car Robespierre était pour le culte — à la génération suivante.

En fait l'Incorruptible et ses deux associés voulaient passer de la Révolution politique, privée de but majeur par le 10 août et l'abolition de la monarchie, à la Révolution sociale. Mais, pour ce faire, la continuation de la Terreur était indispensable. Or, de la Terreur, Paris avait assez. En outre, et j'y insiste, ni Robespierre, ni Saint-Just ne tenaient compte des nouveaux riches, acquéreurs à bon compte des biens des émigrés devenus nationaux et que la perspective d'une enquête sérieuse effrayait, car elle eût démontré leurs déprédations. Ceux-là, groupés autour de Danton, rejoignirent les membres du comité de Sûreté générale, maîtres des opérations de police et que Robespierre, qui se méfiait d'eux, avait maladroitement tourné contre lui. Une coalition, d'autant plus violente qu'elle était secrète et menée par un autre triumvirat de l'ombre, celui de Fouché, de Barras et de Tallien, allait mettre fin au pouvoir exorbitant et à la popularité de Maximilien.

Celui-ci en se retirant dans une sorte d'abstention peu compréhensible, où il entrait de l'orgueil et du dédain, et cela alors qu'il sentait venir quelque chose, — son attitude vis-à-vis de Barras et de Fréron, que j'ai racontée, le prouve, — facilita singulièrement la manœuvre.

Il y avait aussi peut-être chez lui une forme du fameux : on n'oserait.

Commençons, pour plus de clarté, par citer cette loi des suspects, rendue sur la proposition de Merlin de Douai, le mardi 17 septembre 1793, et qui ouvrait la porte aux lois de Ventôse, d'où sortit le 9 thermidor :

La Convention nationale, après avoir entendu le rapport de son comité de législation sur le mode d'exécution de son décret du 12 de ce mois, décrète :
Art. I. — *Immédiatement après la publication du présent décret, tous les gens suspects qui se trouvent dans le territoire de la République et qui sont encore en liberté seront mis en état d'arrestation.*

Art. II. — *Sont réputés gens suspects :*

1° *Ceux qui, soit par leur conduite, soit par leurs relations, soit par leurs propos ou leurs écrits, se sont montrés partisans de la tyrannie et du fédéralisme, et ennemis de la liberté ;*
2° *Ceux qui ne pourront pas justifier, de la manière prescrite par la loi du 21 mars dernier, de leurs moyens d'exister et de l'acquit de leurs devoirs civiques ;*
3° *Ceux à qui il a été refusé des certificats de civisme ;*
4° *Les fonctionnaires publics suspendus de leurs fonctions par la Convention nationale ou par ses commissaires, et non réintégrés, notamment ceux qui ont été ou doivent être destitués en vertu de la loi du 18 août dernier ;*
5° *Ceux des ci-devant nobles, ensemble les maris, les femmes, pères, mères, fils ou filles, frères ou sœurs, et agent d'émigrés, qui n'ont pas constamment manifesté leur attachement à la Révolution ;*
6° *Ceux qui ont émigré dans l'intervalle du 1er juillet 1789 à la publication de la loi du 8 avril 1792 quoiqu'ils soient rentrés en France dans le délai fixé par cette loi ou précédemment.*

Art. III — *Les comités de surveillance établis d'après la loi du 21 mars dernier, ou ceux qui leur ont été substitués, soit par les arrêtés des représentants du peuple envoyés près les armées ou dans les départements, soit en vertu de décrets particuliers de la Convention nationale, sont chargés de dresser, chacun dans leur arrondissement, la liste des gens suspects, de décerner contre eux des mandats d'arrêt, et de faire apposer les scellés sur leurs papiers. Les commandants de la force publique à qui seront remis ces mandats seront tenus de les mettre à exécution sur-le-champ sous peine de destitution.*

Art. IV. — *Les membres des comités ne pourront ordonner l'arrestation d'aucun individu sans être au nombre de sept et à la majorité des voix.*

Art. V. — *Les individus arrêtés comme suspects seront d'abord conduits dans les maisons d'arrêt du lieu de leur détention ; à défaut de maison d'arrêt, ils seront gardés à vue dans leurs demeures respectives.*

Art. VI. — *Dans la huitaine suivante, ils seront transférés dans les bâtiments nationaux que les administrations des départements seront tenues, aussitôt après la réception du présent décret, de désigner et faire préparer à cet effet.*

Art. VII.— *Les détenus pourront faire transporter dans ces bâtiments les meubles qui leur seront d'une absolue nécessité ; ils y resteront gardés jusqu'à la paix.*

Art. VIII. — *Les frais de garde seront à la charge des détenus, et seront répartis entre eux également : cette garde sera confiée de préférence aux pères de famille et aux parents des citoyens qui sont ou marcheront aux frontières ; le salaire en est fixé pour chaque homme de garde à la valeur d'une journée et demie de travail.*

Art. IX. — *Les comités de surveillance enverront sans délai au comité de Sûreté générale de la Convention nationale l'état des personnes qu'ils auront fait arrêter, avec les motifs de leur arrestation et les papiers qu'ils auront saisis sur elles.*

Art. X. — *Les tribunaux civils et criminels pourront, s'il y a lieu, faire retenir en état d'arrestation, comme gens suspects, et envoyer dans les maisons de détention ci-dessus énoncées, les prévenus de délits à l'égard desquels il serait déclaré n'y avoir pas lieu à accusation, ou qui seraient acquittés de celles portées contre eux.*

Couthon, conseillé par Robespierre, demanda à la Convention :

« S'il ne serait pas utile de séquestrer les biens des personnes arrêtées comme suspectes. »

« Soit, *nous dit Dauban*, d'exproprier d'emblée, par les tenants et aboutissants, 360 000 familles françaises. »

Le 18 pluviôse Robespierre déclarait :

« Le but n'est pas de remplacer l'aristocratie ancienne, celle de la naissance, par une aristocratie nouvelle, celle de la richesse. »

Il mettait en garde contre ceux :

« Qui ont embrassé la Révolution comme un métier et la République comme une proie. »

Il faisait à l'avance le procès de la profession parlementaire, pour employer le langage actuel de Tardieu :

« Le ressort du gouvernement populaire, en Révolution, est à la fois la vertu et la terreur. »

La vertu sans laquelle la terreur est funeste ; la terreur sans laquelle la vertu est impuissante. Il dénonçait les indulgents, la lenteur des jugements, les compromissions sous le couvert de la pitié.

Le 13 ventôse, Saint-Just, venant à la rescousse, nous dit Mathiez, faisait adopter le mode d'exécution de la grande mesure qui avait pour but de faire tourner la Révolution au profit de ceux qui la soutiennent et à la ruine de ceux qui la combattent :

« Cette loi forte pénétrerait tout à coup dans les pays étrangers comme l'éclair inextinguible. »

La Révolution politique s'achèverait ainsi, non seulement en Révolution sociale, mais en Révolution universelle. Ainsi s'avérait la mégalomanie des triumvirs. Toutes les communes de la République dresseraient un état des patriotes indigents, avec leurs noms, leur âge, leur profession, le nombre et l'âge de leurs enfants. Quand le comité de Salut public serait en possession de cette paperasserie, il ferait un rapport sur les moyens d'indemniser tous les malheureux avec les biens des ennemis de la Révolution, selon le tableau que le comité de Sûreté générale lui aura présenté et qui sera rendu public. Le comité de Sûreté générale inviterait parallèlement les comités de surveillance de chaque commune à lui faire passer respectivement les noms et la conduite de tous les détenus depuis le 1er mai 1789.

Au lendemain de ce décret éclatait aux Cordeliers la tentative d'insurrection des Hébertistes :

> « Voilà le moment qu'ils ont choisi, dit Barère le 16 ventôse à la Convention, pour violer les Droits de l'Homme. »

Certes, en admettant que lesdits droits consistassent à déposséder son prochain. Dans son grand rapport, du 23 ventôse, Saint-Just ajoutait :

> « Depuis les décrets qui privent de leurs biens les ennemis de la Révolution, l'étranger a senti les coups qu'on lui portait et a excité des troubles pour inquiéter et ralentir le gouvernement. Nous ne connaissons qu'un moyen d'arrêter le mal, c'est de mettre enfin la Révolution dans l'État civil. Si vous donnez des terres à tous les malheureux si vous les ôtez à tous les scélérats, je reconnais que vous avez fait une Révolution. »

Suivait une tirade contre les oisifs, que l'on devait forcer à travailler.

Les décrets de Ventôse remplirent d'espérance les sans-culottes, dit Mathiez que j'ai suivi à la lettre et qui admire ces décrets assez naïvement, c'est pourquoi « les appels aux armes des Hébertistes tombèrent dans le vide. » Dans tous les groupes, dans tous les cafés on ne parlait que des décrets ordonnant la répartition des biens des aristos aux sans-culottes.

La joie était universelle.

Les citoyens, les citoyennes se félicitaient et s'embrassaient dans les rues.

La mendicité allait disparaître.

Aucun ennemi de la Révolution ne serait plus propriétaire.

Aucun patriote ne serait sans propriété.

La section de Brutus (quartier de la rue Montmartre à la rue Poissonnière) tint à féliciter la Convention le 20 ventôse pour avoir instauré définitivement le règne de l'égalité.

La province répondait en écho à la capitale, notamment dans l'Est, dans le Jura, en Lorraine. Cependant les deux comités de gouvernement préparaient l'application des décrets, « lourde tâche que de réunir et classer les dossiers de suspects de toute la France et que de réunir et classer parallèlement les dossiers de tous les indigents. » De nombreux comités de surveillance atténuaient les torts des suspects, passaient dans la colonne des « absents » des émigrés notables, se livraient à mille tours de bâton. Le Comité de Salut public appela à la rescousse les représentants en mission. Ceux-ci n'étaient pas les modèles de vertu réclamés par Montesquieu. Moyennant d'honnêtes redevances, ils adoucirent une paperasserie tellement énorme qu'on ne savait où la loger. Beaucoup d'administrations n'attendirent pas, pour procéder aux séquestres, que le triage des suspects eût été opéré. Il en résulta un inexprimable gâchis, une foule d'abus, comme en Côte-d'Or, où des paysans, considérés comme suspects, durent vendre leurs récoltes afin d'échapper aux persécutions. Il en fut de même en Dordogne et en Charente, où les séquestres étaient infligés au petit bonheur, ou plutôt au petit malheur, comme pour les biens des émigrés.

L'opinion, en maints endroits, se soulevait et Saint-Just, par de bonnes paroles, s'efforçait de l'apaiser :

> « Il faut que vous rétablissiez la confiance civile. Il faut que vous fassiez entendre que le gouvernement révolutionnaire ne signifie pas la guerre ou l'état de conquête (il ne le signifiait pas encore, mais il signifiait déjà la guerre civile), mais le passage du mal au bien, de la corruption à la probité. »

Mais, ajoutait-il, les contre-révolutionnaires, les complices des factions devaient être recherchés et punis :

« Il faut qu'ils périssent. »

Tous les coupables seraient transférés à Paris où ils seraient jugés par le seul tribunal révolutionnaire.

Antichambre de la guillotine, ce tribunal, chacun le savait.

Cet aventureux crétin, dont la légende révolutionnaire devait faire un héros, ne comprenait pas que de cette chasse aux suspects instituée avec tant de légèreté, que de ces séquestres et de ces spoliations, pas un sou ne parviendrait aux pauvres et tout demeurerait aux pattes des robins marrons, des experts à la va-vite, des délégués de la Convention et représentants en mission, de la nuée d'intermédiaires qui s'abattaient comme des corbeaux sur les dépouilles des « riches. » Les marchands de biens seuls participeraient à la curée et les sans-culottes, comme on dit, se brosseraient le ventre. Cependant, il préparait son rapport, qui, interrompu par le couperet de la guillotine, ne devait paraître qu'en 1800 :

> « La Révolution est glacée (*bigre, qu'est-ce qu'il lui fallait !*) Tous les principes sont affaiblis. Il ne reste que les bonnets rouges portés par l'intrigue. L'exercice de la Terreur a blasé le crime, comme les liqueurs fortes blasent le palais... L'opulence est une infamie. Tout citoyen rendra compte tous les ans, dans les temples, de l'emploi de sa fortune. »

Avec l'impôt progressif sur le revenu, le vœu de Saint-Just s'est réalisé. Ce n'est pas dans les temples, c'est dans le bureau du percepteur que chaque année chaque citoyen rend compte aujourd'hui de l'état de sa fortune. Un révolutionnaire de notre temps, Kautsky, a dit que l'impôt était « le meilleur moyen d'expropriation de la classe bourgeoise », et c'est bien la vérité. Dans un autre passage de son rapport, Saint-Just écrivait :

> « Enfin on s'emparera de la jeunesse, car l'enfant appartient à la Patrie. Par l'éducation en commun on forgera un nouveau peuple, préservé des vices de la monarchie. »

C'était là renchérir sur Condorcet. Quand on aurait appauvri les riches et enrichi les pauvres, alors on. s'en prendrait aux parents et à la famille.

Le 3 floréal, Couthon faisait décider qu'un membre du Comité (Saint-Just) serait chargé de la rédaction du code des institutions sociales.

Le 18 floréal, Robespierre faisait applaudir son rapport sur les idées religieuses et morales, étroitement lié au plan de Saint-Just.

Le 22 floréal enfin Barère, le pervers touche à tout, le noir intrigant de la Terreur et qui, pendant la période de Thermidor, allait louvoyer entre les deux camps, attendant, pour se décider, la victoire de l'un ou de l'autre, Barère, suspect à tous et redouté de tous, faisait instituer le livre de la bienfaisance nationale et des secours à domicile. Les lois de Ventôse, à l'entendre, étaient en bonne voie. Avant dix semaines les comités de Salut public et de Sûreté générale feraient connaître le tableau nominatif de la population indigente dans toute la République. Énorme blague, bien digne du gredin qui la proférait en connaissance de cause, pour se donner de l'importance.

Quant à la liste des suspects, elle ne devait jamais être publiée.

Cependant le désaccord s'installait entre le Comité de Salut public et le Comité de Sûreté générale, le premier accusant le second de négligence et même, en plusieurs cas, de trahison. La loi du 22 prairial introduisait d'autre part la division au Comité de Salut public. Elle avait été rapportée par Couthon sans consultation préalable du Comité de Sûreté générale. Mathiez prétend que cette loi de Prairial mit finalement le feu aux poudres.

Sans que la raison en soit encore aujourd'hui bien connue — personnellement je crois à la manœuvre de Fouché — la rupture s'effectua entre le Comité de Sûreté générale d'une part, Robespierre et Couthon de l'autre. Elle s'accompagna de la retraite de Robespierre. Les lois de Ventôse devaient s'en ressentir. D'autre part la question des séquestres se compliquait et demeurait sans solution.

Le passage des innovations politiques aux innovations sociales concernant les riches et les pauvres est commandé par le principe révolutionnaire ; il est à l'origine de ses difficultés, puis de ses désastres.

L'ombre des journées précédant le 9 thermidor est épaissie du fait — constaté par Albert Mathiez — que les deux comités de gouvernement ne tenaient pas de procès-verbal de leurs séances.

Le 4 thermidor ces deux comités arrêtaient :

1° Il sera nommé dans trois jours des citoyens chargés de remplir les fonctions des quatre commissions populaires créées par décret du 23 ventôse ;
2° Elles jugeront tous les détenus dans les maisons d'arrêt des départements ;
3° Elles seront sédentaires à Paris ;
4° Les jugements de ces commissions seront révisés par les comités de Salut public et de Sûreté générale en la forme établie ;
5° Il sera distribué à chaque commission un arrondissement de plusieurs départements pour en juger les détenus ;
6° Il sera fait un rapport à la Convention sur l'établissement de quatre sections ambulatoires du Tribunal révolutionnaire de Paris pour juger les détenus dans les départements envoyés par les commissions à ce tribunal.

« Ces quatre commissions populaires, *dit Mathiez*, auraient dû fonctionner depuis longtemps, dès le 15 floréal. »

On voit par cet arrêté à quel point l'exécution des lois de Ventôse préoccupait les triumvirs. C'était là une de ces batailles sourdes qui précèdent, dans les régimes d'assemblée, les grandes crises politiques. Ajoutons que l'arrêté du 4 thermidor était de la main de Barère. Le 5 thermidor le même Barère justifia son arrêté devant la Convention. Il expliqua que les mesures prises contre les détenus et suspects rendraient la sécurité à la nation, ce qui était absurde, vu l'état de malaise général dont nous avons exposé les raisons. Au fond Barère désirait, par son arrêté, opérer la réconciliation avec Robespierre. Au lendemain du 9 thermidor, il argua, pour sa défense, qu'il avait cherché à tendre un piège à l'incorruptible, explication embrouillée et qui ne trompa personne.

Robespierre assistait à la réunion des comités du 5 thermidor. Selon Barère il s'y rendit sur la sommation des comités et on lui reprocha sa dénonciation contre Fouché de Nantes et le fait qu'il avait dit qu'il fallait purger la Convention. On lui demanda aussi les raisons de son éloignement. Sans doute préparait-il la liste des nouvelles victimes qu'en proie — comme naguère Marat — au délire homicide il voulait envoyer à l'échafaud. Il aurait donné lecture de cette liste aux comités, singulière imprudence !

Sur cette réunion du 5 thermidor Saint-Just, à la séance du 9, interrompu à chaque instant par les conjurés, a donné les précisions suivantes :

> « *Le lendemain, nous nous assemblâmes encore ; tout le monde gardait un profond silence. Les uns et les autres étaient présents. Je me levai et je dis :* « *Vous me paraissez affligés, il faut que tout le monde ici s'explique avec franchise et je commencerai si on le permet.*
>
> « *Citoyens, ajoutais-je, je vous ai déjà dit qu'un officier suisse, fait prisonnier devant Maubeuge et interrogé par Guyton, Laurent et moi, nous donna la première idée de ce qui se tramait. Cet officier nous dit que la police redoutable, survenue devant Cambrai* (allusion à la mission de l'épouvantable Lebon) *avait déconcerté le plan des alliés, qu'ils avaient changé de vue, mais*

> qu'on ne se plaçait en Autriche dans aucune hypothèse d'accommodement avec la France, qu'on attendait tout d'un parti qui renverserait la forme terrible du gouvernement, que l'on comptait sur des intelligences, sur des principes sévères. Je vous invitai de surveiller avec plus de soin ce qui tendait à altérer la forme salutaire de la justice présente ; bientôt vous vîtes vous-mêmes percer ce plan dans les libelles étrangers. Les ambassadeurs vous ont prévenus des tentatives prochaines contre le gouvernement révolutionnaire. Aujourd'hui, que se passe-t-il ? On réalise les bruits étrangers. On dit même que, si on ne réussit pas, on fera contraster l'indulgence avec votre rigueur contre les traîtres. »

« Je dis ensuite que, la République manquant de ces institutions dont résultaient les garanties, on tendait à dénaturer l'influence des hommes qui donnaient de sages conseils pour les constituer en état de tyrannie, que c'était sur ce plan que marchait l'étranger d'après les notes même qui étaient sur le tapis ; que je ne connaissais point de dominateur qui ne se fût emparé d'un grand crédit militaire, des finances et du gouvernement, et que ces choses n'étaient point dans les mains de ceux contre lesquels on insinuait le soupçon.

« David se range de mon avis avec sa franchise ordinaire, Billaud-Varenne dit à Robespierre : « Nous sommes tes amis, nous avons marché toujours ensemble. » Ce déguisement fit tressaillir mon cœur. La veille, il le traitait de Pisistrate et avait tracé son acte d'accusation.

« Il est des hommes que Lycurgue eût chassés de Lacédémone sur le sinistre caractère et la pâleur de leur front, et je regrette de n'avoir plus vu la franchise ni la vérité céleste sur le visage de ceux dont je parle. Quand les deux comités m'honorèrent de leur confiance et me chargèrent du rapport, j'annonçai que je ne m'en chargeais qu'à *condition qu'il serait respectueux pour la Convention et pour ses membres ; j'annonçai que j'irais à, la source, que, je développerais le plan ourdi pour saper le gouvernement révolutionnaire, que je m'efforcerais d'accroître l'énergie de la morale publique. Billaud-Varenne et Collot-d'Herbois insinuèrent qu'il ne fallait point parler de l'Être suprême, de l'immortalité de l'âme, de la sagesse ; on revint sur ces idées, on les trouva indiscrètes. »*

Le détour entortillé de cette confuse défense de Saint-Just, au début de la journée fatale, marque le trouble de son esprit. Robespierre et lui, avec les lois de Ventôse, avaient soulevé un remous dont le scandale croissait d'heure en heure et dont ils n'avaient que récemment compris l'importance.

Dans ce même discours *ante mortem* du 9 thermidor Saint-Just s'en prit à l'obscur Billaud-Varenne, aussi ténébreux que Barère, bien que sous une autre forme :

« Collot et Billaud prennent peu de part, depuis quelque temps, aux délibérations et paraissent livrés à des intérêts et à des vues plus particuliers. Billaud assiste à toutes les séances sans parler, à moins que ce, ne soit dans le sens de ses passions ou contre Paris, contre le Tribunal révolutionnaire, contre les hommes dont il paraît souhaiter la perte. Je me plains que, lorsqu'on délibère, il ferme les yeux et feint de dormir, comme si son attention avait d'autres objets. À sa conduite taciturne, a succédé l'inquiétude depuis quelques jours... Billaud répète souvent ces paroles avec un feint effroi : Nous marchons sur un volcan. Je le pense aussi, mais le volcan sur lequel nous marchons est sa dissimulation et son amour de dominer... Tout tut rattaché à un plan de Terreur. Afin de pouvoir tout justifier et tout oser, il m'a paru qu'on préparait les Comités à recevoir et à goûter l'impression des calomnies. Billaud annonçait son dessein par des paroles entrecoupées ; tantôt, c'était

> *le mot de Pisistrate qu'il prononçait, et tantôt celui de dangers. Il devenait hardi dans les moments où, ayant excité les passions, on paraissait écouter ses conseils ; mais son dernier mot expira toujours sur ses lèvres. Il hésitait, il s'irritait, il corrigeait ensuite ce qu'il avait dit hier, il appelait tel homme absent Pisistrate, aujourd'hui il était son ami. Il était silencieux, pâle, l'œil fixe, arrangeant ses traits altérés. La vérité n'a point ce caractère ni cette politique...* »

Michelet a raconté avec une rare puissance d'expression cette journée parlementaire du 9 thermidor où Robespierre, Couthon, Saint-Just et Cie purent se rendre compte de l'instabilité de ces masses populaires en qui Marat mettait sa confiance et qui se retournent avec une si remarquable facilité. Le cadeau fait en paroles aux sans-culottes de la fortune et des biens des riches par les lois de Ventôse apparut aux dits sans-culottes comme une vaste blague, qu'il était en effet, et ne pesa plus lourd dans la balance des rancunes et désirs de vengeance accumulés dans les cœurs des ennemis de droite et de gauche contre l'Incorruptible.

Sa popularité, à laquelle il croyait, tomba d'un seul coup, car s'il avait su détruire, il avait poussé savamment à la journée du 10 août, à l'exécution du roi, à celle de la reine, il n'avait jamais rien construit, participé à aucune réforme et seule son opposition aux projets belliqueux de Brissot et aux décisions en ce sens de la Gironde avait eu un sens et eût pu rendre quelque service. Solitaire dans une société en ébullition, entouré de quelques amis et zélateurs fanatiques, auxquels il en imposait par sa rigueur et son détachement des richesses, il était de pensée très courte, plus courte même que Marat, qu'il suivit de près dans la tombe après avoir immolé Danton et Hébert. Comme tous les compagnons de sa sinistre entreprise, il aimait le sang et il croyait à la victoire du sang versé, à sa prééminence, à son *ultima ratio*.

Thermidor restera, dans l'Histoire, une fois dépouillé de ses dernières obscurités, le type de l'opération réactionnaire bien faite, à la fois bien conçue et bien exécutée. Fouché savait jouer de la police et de son adaptation à la politique générale. Il ne ménageait ni son temps, ni sa peine, allant voir et conquérir à domicile les membres de la Convention un à un, promettant à chacun d'eux un avantage, ou lui démontrant un péril personnel. Quel rôle la question d'argent joua-t-elle dans la tragédie ? Nous l'ignorons encore mais certainement elle en joua un ainsi que la beauté de Mme Tallien et le charme de Joséphine Tascher de la Pagerie, son amie.

Peu de temps avant le 9 thermidor avait eu lieu, toujours à l'inspiration de Fouché et vraisemblablement du comité de Sûreté générale, l'émouvante exhibition des dames de Sainte-Amaranthe, envoyées au supplice par les triumvirs. Elles étaient belles sur leurs charrettes, dans leurs chemises rouges, avec leurs compagnes de malheur, et leur parade d'exécution frappa de compassion tous les assistants :

« Les rois n'en ont pas fait davantage. »

Une immense réprobation succédait à la popularité. Dans les quelques jours précédant le drame, on parlait à Paris de « l'arrestation possible de Robespierre », sans qu'on sût pourquoi.

En fait, il arriva vaincu à la séance de la Convention comme Bonaparte devait arriver vaincu à la bataille de Waterloo et sa prétendue bouderie d'un mois n'était sans doute qu'un signe de défaillance. Sauf de Saint-Just, Couthon et deux ou trois autres, il se sentait abandonné et ne comprenait pas les raisons de cet abandon.

La séance célèbre de la Convention ne fut elle-même qu'un immense chahut. Les jeux étaient faits et les ennemis de Maximilien devaient utiliser son manque de puissance oratoire. Tous les beugleurs étaient à leur poste.

Chaque premier rôle savait qu'il y allait de sa peau :

« Ou lui, ou nous. »

Si Mirabeau eût été à la place de Robespierre, aucun doute que, par son à propos, il l'eût emporté. Mais devant les invectives de ses collègues, hier encore déférents et soumis, Maximilien demeura comme hébété et ne fut défendu que par procuration.

Je vais suivre le récit étourdissant de Michelet qui, par ailleurs, ne comprit pas un mot au-dessous de la célèbre journée :

> « Robespierre portait son habit bleu de ciel, qu'il avait « lancé » pour la fête baroque de l'Être suprême. Saint-Just commença de lire son discours. C'est toujours une erreur de lire aux heures de crise, de se faire orateur au lieu de tribun. Au troisième alinéa, Tallien entra, comme il était convenu et lui coupa la parole :
>
> « Qui ne pleurerait sur la Patrie ?
>
> « Hier un membre du gouvernement s'en est isolé, aujourd'hui un autre. Que le rideau soit déchiré. »
>
> « Derrière ce rideau il y avait la belle Thérésia, dont la pensée ardente le soulevait. Au même instant entraient Billaud-Varenne et les comités, le premier très excité. Il interrompit Tallien sans être rappelé à l'ordre par le président Collot-d'Herbois qui était dans la conjuration, avec sa férocité naturelle et cauteleuse.
>
> « Hier des hommes aux Jacobins ont dit vouloir égorger la Convention nationale. En voilà un sur la Montagne, je le reconnais...
>
> « — Arrêtez-le ! Arrêtez-le !
>
> « — L'Assemblée périra, si elle est faible.
>
> « — Non, non, s'écrièrent tous les membres en se levant et agitant leurs chapeaux.
>
> « Les tribunes suivirent le mouvement :
>
> « Vive la Convention, vive le comité de Salut public !

« Plusieurs voix crièrent : *« À l'Abbaye ! »*

« Billaud continua à vomir des imprécations contre Robespierre, assurant qu'il favorisait les voleurs. Tallien, tirant un poignard de sa poche, en-menaça *« le nouveau Cromwell, le nouveau Catilina. »* Robespierre voulant répondre, l'assemblée étouffa sa parole : *« À bas le tyran ! »* Les coalisés aient convenu de le faire périr ainsi. Sieyès avait décrété « la mort sans phrases. » L'arrestation de Dumas et de ses lieutenants, celle d'Henriot, accusé d'avoir appelé aux armes la garde nationale, furent décidées pour commencer. Puis Barère mit les comités hors de cause, essaya mollement de sauver Robespierre et la Commune et jeta par-dessus bord l'autorité militaire de cet ivrogne, ce bravache d'Henriot. Les inspirateurs du désordre actuel ne pouvaient être, à l'entendre, que les royalistes, les aristocrates et les agents de l'étranger.

« La séance languissait. L'affaire risquait d'avorter. Le vieux Vadier, parlant de « la mère de Dieu » excitait le rire, qui est désarmant. Robespierre à la tribune, les bras croisés, affectait le mépris. Mais — dit Michelet — *« ceux qui étaient en péril et qui mourraient s'il eût vécu »*, rallumèrent le débat : *« amenons, dit Tallien, la discussion à son vrai point — Je saurai bien l'y ramener »*, répliqua Robespierre. Collot-d'Herbois donna la parole à Tallien. Celui-ci reprocha à Robespierre d'avoir calomnié *« ces comités héroïques qui avaient sauvé la Patrie. »*

« On se demanda en quoi. Mais c'était flatter le Comité de Sûreté générale, qui avait suivi l'inspiration de Fouché et voulait la mort de l'Incorruptible.

« Robespierre nia, cria, s'agita au milieu d'un tumulte redevenu infernal et des clameurs : *« En accusation, en accusation ! »* Il semblait désemparé et en appelait du regard à la Montagne ; puis furibond il se tourna vers la droite : *« Vous, hommes purs, c'est à vous que je m'adresse et non aux brigands...* » Sa voix, n'étant pas assez forte, ne dominait pas le tumulte. Il montra le poing à Collot-d'Herbois : « *Pour la dernière fois, président d'assassins, je te demande la parole.* » Or, Thuriot, ancien dantoniste, épargné lors de la sanglante fournée, avait pris le fauteuil en remplacement de Collot-d'Herbois. D'une voix tonnante il exécuta Robespierre.

« — Le sang de Danton l'étouffe, cria Garnier de l'Aube, ex-dantoniste lui aussi.

« L'arrestation, l'accusation ! »

« C'était l'hallali. L'assemblée tout entière hurlait cette double demande et trépignait. Robespierre jeune et Lebas demandèrent à être arrêtés, eux aussi. Maximilien intervenant, le journaliste Duval s'écria : « *Président, est-ce qu'un homme sera le maître de la Convention ?* » Et Fréron : « *Ah ! qu'un tyran est dur à abattre.* »

« — L'arrestation, l'arrestation !

Thuriot la mit aux voix. Décrétée à l'unanimité. L'Assemblée se leva au cri de « *Vive la liberté ! Vive la République !* »

« — La République, elle est perdue. Les brigands triomphent !... cria Robespierre, dont la voix s'étranglait. Il était 3 ou 4 heures. Les huissiers se saisirent de sa personne et il fut conduit aux comités pour y être interrogé selon la loi.

Cependant — continue Michelet — le bruit étonnant de l'arrestation de Robespierre se répandait dans Paris, avec ce commentaire : « Alors l'échafaud est brisé... Le peuple espérait que ce jour il n'y aurait pas d'exécution. » Mais Fouquier-Tinville, consulté par le bourreau, dit à celui-ci, au départ de la charrette — « Exécute la loi. »

« *On vit donc sortir encore de la noire arcade de la Conciergerie quarante-cinq condamnés, et le lugubre cortège traversa encore une fois les quais, la rue, le faubourg Saint-Antoine. Nulle chose ne fut plus douloureuse ; la douleur nullement cachée. Plusieurs levaient les mains au ciel ; beaucoup criaient grâce. Quelques-uns enfin, plus hardis, sautent à la bride des chevaux et se mettent à vouloir faire rétrograder les charrettes. Mais Henriot, averti, arriva au grand galop et dispersa la foule à coups de sabre, assurant cette dernière malédiction à son parti et faisant dire dans le peuple : « La nouvelle est fausse sans doute. Nous ne sommes pas encore quittes du régime de Robespierre. »*

Du même coup disparaissait l'infâme tribunal révolutionnaire, fondé par Danton qui, par un juste retour, venait d'en être la victime. Dumas, le président de cette exécrable institution, dont les assassinats, recouverts d'un simulacre de légalité, ne se comptaient plus, était, comme tous ces bourreaux, extrêmement lâche. Il se, disposa à s'enfuir en Suisse, avec sa femme et sa famille. Quant à Fouquier-Tinville, il devait connaître à son tour ce supplice du couperet que, dans son rôle d'accusateur public, il avait requis tant de fois.

Déjà la Commune, tenue au courant, minute par minute, des événements, entrait en insurrection et dès deux heures de l'après-midi, se méfiant de la garde nationale appelait du Luxembourg la gendarmerie, sous le prétexte d'une révolte des prisonniers à la Force. Henriot, qui venait d'arriver Merlin de Thionville dans la rue Saint-Honoré, se trouvait arrêté lui-même. Juste retour...

Robespierre, peu désireux d'être conduit à l'hôtel de Ville, au milieu du désarroi de la Commune, et de participer à l'insurrection de celle-ci, ordonna à ses gardiens de le mener à l'administration de la police municipale, quai des Orfèvres. Vers neuf heures du soir, la Commune l'envoya chercher par l'hercule Coffinhal qui « l'enleva de l'asile de la loi pour le porter dans la mort. » En vain l'incorruptible leur criait-il :

« Vous vous perdez, vous nous perdez, vous perdez

la République. »

Car il se rendait compte de l'horreur que brusquement, après tant de crimes, il inspirait à la population parisienne. Un jeune gendarme du nom de Merda, blondinet de 17 ans, vint porter la nouvelle à la Convention. Il raconta que C'était lui qui avait arrêté et lié Henriot :

« Eh quoi ! *s'écria Barère*, tu ne lui as pas brûlé la cervelle ! Tu mériterais d'être fusillé ! »

Merda retint-il ce propos ?

Une sorte d'atonie générale, notée par Michelet sans explication, s'emparait à la fois des sections, des Jacobins et de la Commune. Des comités révolutionnaires presque personne ne bougea. Leurs membres étaient des fonctionnaires et craignaient de perdre leurs places :

« Le représentant Brival s'était chargé d'expliquer à ses amis jacobins l'arrestation de Robespierre. On lui demanda s'il l'avait votée : « *Sans doute* » dit-il, bien plus, je l'avais aussi provoquée et comme secrétaire, j'ai expédié, signé « les décrets. » Vifs murmures, huées. On le raye, on lui enlève sa carte. Qui croirait qu'un moment après, Brival rentré dans l'assemblée, se voit rapporter sa carte par les commissaires jacobins ? La société a révoqué sa radiation, rétabli comme Jacobin un homme qui vient de se vanter d'avoir demandé, signé l'arrestation de Robespierre. »

Couthon n'avait point paru d'abord à l'Hôtel de Ville, à cause de son infirmité ; il était demeuré chez lui, près de sa femme et de son enfant, malgré les appels de Robespierre et de Saint-Just. Mais ceux-ci l'ayant sommé de les rejoindre, sous peine de trahison, il se rendit finalement à leur appel.

Cependant Paris restait neutre, mais d'une neutralité — on le vit par la suite — qui penchait contre le tyran. Le problème était de savoir ce qu'allaient faire les sections. Une commission de défense, improvisée, proposa de nommer un général, Barras, collègue de Fréron à Toulon, puis de mettre hors la loi ceux qui se seraient soustraits à l'arrestation. Voulland seul et en son nom — nous dit Michelet — obtint que Robespierre, nominativement, fût mis « hors la loi. » Mais Albert Mathiez nous avertit que « Michelet a accumulé sur la Terreur une montagne d'erreurs et de faussetés »...

À qui se fier, grand Dieu !

Voici deux lettres, légèrement confuses, mais intéressantes, du nommé Voulland citoyen de la commune d'Uzès, représentant du peuple à la Convention nationale, l'une datée du 9 thermidor an 2 de la République, la seconde du 27 thermidor, où Robespierre est traité de « scélérat » :

Paris, ce 9ᵉ thermidor

À ses compatriotes les membres composant l'administration du district d'Uzès.

C'était de bien bonne foy, frères et amis, que Je croyais pouvoir vous mander hier que tous les nuages que la malveillance avoit cherché pendant plusieurs jours à amonceler autour des deux comités de gouvernement étoient enfin dissipés. Je le pensois aussi sincèrement que je le désirois, et j'avois à vous l'annoncer un plaisir d'autant plus vif que je croyois pouvoir le faire sans être obligé d'entrer jamais dans aucun détail sur la cause et les progrès de cet événement fâcheux. Le discours de Robespierre, jeté hier au milieu de la Convention, y a laissé l'impression la plus douloureuse ; je n'entreprendrai pas de vous la dépeindre je n'en ai ni le courage, ni le moyen. Les deux comités ont passé la nuit pour aviser aux moyens d'une juste et légitime défense. Je ne la préviendrai pas icy, je me bornerait à vous dire que je ne vois dans tout ce qui se passe autour des deux comités que de petits amours blessés qui se sont aigris avec le temps, et dont l'explosion a été terrible. Robespierre, pour me servir de ses propres expressions, a serré le gant aux deux comités, et les a cruellement attaqués. Les griefs qu'il leur impute leur ont été renvoyés pour y répondre, je crois que la réponse sera facile et péremptoire ; On n'a jamais conspiré dans aucun des deux comités ni contre la République, ni contre aucun individu dévoué à ses intérêts. Robespierre a été singulièrement abusé quand on est parvenu à luy persuader que le projet de le perdre ou de l'accuser avoit été conçu, et qu'on touchoit au moment de le voir exécuter. Je vous le demande, frères et amis, vous toits qui m'avés vu naître, m'avés-vous vu jamais conspirer, me croyés-vous capable d'entrer dans aucun complot tendant à troubler l'État ou à le priver d'un athelete utile à sa défense : non, je vous le jure, je n'ai jamais eu l'idée d'aucune espèce de conspiration, je suis convaincu qu'elle n'a jamais existé dans la tête d'aucun de mes collègues. Je désire que cette journée soit utile à (la) Liberté, elle ne sera pas perdue si elle peut éclairer les esprits et les raprocher. Je finis avec ce désir dans le cœur, et je me borne à vous conjurer au nom de la patrie de voir avec calme les débats qui vont. M'élever au sein de la Convention ; n'en perdés aucune circonstance, et ne prenés parti que lorsque vous aurés été bien à même de distinguer la vérité et la justice.

Je vous embrasse, sinon avec le même plaisir, du moins avec la même sécurité et le même calme que je le faisois hier, car ma conscience ne me reproche rien ; quelque chose qu'il puisse m'arriver, je serois toujours ce que je crois n'avoir jamais cessé d'être, digne de votre estime et du caractère dont votre choix m'avois honoré. Adieu, je vous embrasse du meilleur de mon cœur aussi pur que l'astre du jour qui nous éclaire.

Salut et fraternité.

VOULLAND.

Paris, ce 27ᵉ thermidor

Voulland, représentant du peuple,

À ses frères et amis, les braves Sans-culottes composant l'administration du district d'Uzès.

Recevés, frères et amis, mes sincères félicitations sur les sentiments énergiques que vous vous êtes empressés d'exprimer à, la Convention Nationale, dès la première nouvelle qui vous est parvenue de la conspiration et du juste châtiment des modernes triumvirs frappés du glaive de la Loy. Je m'estime très heureux d'avoir pu contribuer, et c'était mon devoir de le faire, de vous éclairer sur les dangers qui ont menacé la liberté, en vous donnant l'éveil sur les scélérats qui conspiraient pour nous la ravir. Je m'applaudissois de votre conduite et de votre discernement dans cette circonstance difficile, je jouissois de votre propre satisfaction, lorsque tout à coup la joye que réprouvais vient d'être troublée par les nouvelles déchirantes qui nous arrivent à l'instant de Nismes. Seroit-il vrai, frères et amis, qu'à plus de cent soixante lieues du foyer de la conspiration, les chefs atroces qui l'avoient conçue au milieu de nous eussent trouvé le secret de se ménager des complices ? Seroit-il possible qu'on les aperçoit bien distinctement parmi ceux qui s'étoient montrés et que nous regardions comme les amis les plus dévoués de la République ? Rien ne paroit plus évidemment démontré d'après la teneur du compte rendu par le comité de surveillance de la commune de Nismes, que j'ai sous les yeux : il en résulte que les membres du Tribunal révolutionnaire s'étoient permis à la nouvelle de la conspiration des modernes triumvirs de dire dans la salle de (des) lectures de la société et à la société même que les patriotes les plus prononcés de la Convention avaient été assassinés, que la mort du traître Robespierre étoit le fruit d'une faction qui en avoit triomphé, et qu'enfin la contre-révolution étant opérée, il fallait se mettre en mesure.. On ajoute que Boudon, l'un des juges du tribunal, convaincu d'avoir manifesté ces sentiments, à mes yeux plus que contre-révolutionnaires, a quitté le fauteuil de la société qu'il présidait, il est monté à la tribune où il s'est tué d'un coup de pistolet en osant se vanter de s'immoler lui-même pour la liberté, qu'il re-ardoit sans doute comme perdue au moment où l'on venait de l'affermir par les mesures les plus vigoureuses et les plus justes. On assure encore dans ce même compte rendut signé de tous les membres au comité de surveillance qu'il existoit un projet d'envoyer des émissaires dans les campagnes pour y sonder l'esprit public et lever des hommes pour les faire marcher contre la Convention. On met en fait que la proposition en a été faite au citoyen Sabathier l'un des membres du comité de .surveillance et signataire du compte rendu, et que si on n'avoit pas appris pi-esqu'au même moment l'arrestation et le supplice du scélérat Robespierre et compagnie, on auroit eu la douleur de voir s'organiser encore une lois dans la commune de Nismes une Force départementale dirigée contre la Convention.

Voilà, frères et amis, le précis bien exact des nouvelles déchirantes qui arrivent de Nismes, et dont il n'est pas possible de douter. Quelles en seront les suites ; la juste et prompte punition des témairaires (sic) qui ont osé mettre en balance un homme et la patrie, et quel homme, un scélérat, un vil conspirateur, démasqué et jugé par la Convention J'attends de votre zèle et plus encore de votre amitié que vous voudrés bien me tenir au courant de tout ce qui s'est passé autour de vous dans cette circonstance orageuse, et de tout ce qui se passera. Si j'ai un moment dont je puisse disposer, je le consacrerai à vous écrire. Je ne vous dirai jamais que la vérité ; je suis lori occupé, ayant été chargé par délibération des deux comités de salut public et de sûreté générale d'aller dans les diverses maisons d'arrêt de Paris recueillir tous les renseignements sur la conspiration déjouée ; je passe avec mon collègue Laloy des journées entières dam la prisons.

Après la conduite que vous avez tenu, les sentiments républicains que vous avés manifesté, ainsi que toute la société populaire d'Uzès, je n'ai pas à redouter que l'influence du mauvais exemple donné à Nismes et le voisinage de cette commune puissent rien opérer. La confiance qui vous est due de la part de vos administrés, et qu'ils vous accordent, m'est un sûr garant qu'ils ne parleront et n'agiront que d'après vous. La Loy, la Convention nationale, voilà le centre de ralliement, le seul phare que vous ayiés à montrer à ceux de qui vous tenés les pouvoirs que vous exercés, et eux-mêmes n'en ont pas d'autre à suivre. Je ne crains dans cette circonstance fâcheuse qu'une seule chose, c'est le contrecoup ou la réaction, si les ennemis de la République, divisés en diverses classes, s'emparent du mouvement, il est à craindre qu'ils en abusent pour exercer des vengeances particulières dont ils nourrissent le désir dans leur cœur déjà depuis bien longtemps.

Adieu, frères et amis, j'ai le cœur abreuvé de dégoûts, l'âme navrée de douleur, je n'ai pas le temps de vous parler de moy, je n'ai que celuy de vous assurer que personne ne peut être avec plus de Fraternité votre dévoué concitoyen...

VOULLAND.

Revenons à l'atonie des sections, lors de l'arrestation du « tyran. » Comment allaient-elles prendre l'ordre tragique de la Convention ?

La section de l'*Homme armé* entraîna contre Robespierre sa voisine la section de la Maison commune, où étaient la Grève même et l'Hôtel de Ville.

« De sorte que la Commune à l'Hôtel de Ville s'y trouva de bonne heure comme dans une île. »

Tallien demeurait rue de la Perle, au Marais. Il fit savoir à l'*Homme armé* que la Convention était en grand danger, que la Commune voulait se mettre au-dessus de l'Assemblée nationale et donnait asile aux individus décrétés d'arrestation. La section, convoquée à son de trompe, décida que des canons seraient envoyés à l'assemblée. Elle se chargea en outre d'alerter les quarante-sept autres sections de Paris, ce qui fit du 9 thermidor un coup d'État dans la Révolution.

La *Cité* refusa de sonner le tocsin de l'insurrection au bourdon de Notre-Dame. Les *Arcis*, voisins de la *Cité* envoyèrent à la Commune une députation. Celle-ci revint dire :

« Que la Commune lui semblait aller contre les principes. »

En conséquence de quoi les *Arcis* firent arrêter les conseillers municipaux et conseillèrent aux 47 sections d'arrêter de même les messagers de la Commune.

Les *Gravilliers* se prononcèrent dans le même sens.

Une grande cause de mécontentement, dans les sections les plus populeuses, était la cherté des vivres et le maximum.

Le faubourg Saint-Marceau ne bougea pas, non plus que le faubourg Saint-Antoine. La section de Robespierre (place Vendôme, les *Piques*) lui fut si hostile qu'elle brûla sans les lire les lettres de la Commune.

L'attaque décisive fut menée par Léonard Bourdon, ennemi personnel de Robespierre et la section des Gravilliers, auxquels s'étaient joints des petits artisans de la section des Arcis. Parmi eux se trouvait le jeune gendarme Merda qui avait fait arrêter Henriot et se trouvait ainsi gravement compromis. Une seule issue lui restait, dit Michelet, dont la version est combattue par ceux qui pensent que Robespierre se suicida : tuer le tyran. Il fut convenu que les gens des Gravilliers pousseraient jusqu'à la Grève, que Léonard Bourdon et sa troupe iraient au pont Notre-Dame et que Merda, s'il le pouvait, pénétrerait dans l'Hôtel de Ville.

En ce même Hôtel de Ville, Saint-Just, Couthon, Coffinhal et leurs compagnons voulaient recourir à l'insurrection, proclamer, comme on a dit depuis, les vacances de la légalité. Robespierre s'y refusa : « *Nous n'avons donc plus qu'à mourir* », dit Couthon. Robespierre saisit la plume et écrivit les trois premières lettres de son nom. Puis il rejeta le papier.

— Écris donc... lui disait-on.

Il répondit : « Au nom de qui ? »

Michelet ajoute :

« C'est par ce mot qu'il assura sa perte, mais son salut aussi dans l'histoire, dans l'avenir. Il mourut en grand citoyen. »

Conclusion insensée d'un récit qui a sa grandeur. Car la conception des lois de Ventôse, telle que nous l'avons exprimée d'après Mathiez, admirateur lui aussi de Robespierre, n'avait pas le sens commun.

Reconnaître l'impossibilité de l'égalité.

En conclure qu'il fallait transformer les riches en pauvres et les pauvres en riches par un flot de paperasseries et une armée de policiers, de maîtres chanteurs et de délateurs. Reprendre le plan de Marat en opposant les masses aux élites, en remettant le pouvoir aux masses, dont le propre est l'instabilité. Tel était le plan des triumviras et de leur chef Maximilien. Il était contraire à la réalité et ne pouvait aboutir qu'à une formidable réaction. À l'appel de Michelet là postérité, dont nous sommes, répond par un formidable éclat de rire. Cet éclat de rire accompagné d'indignation pour l'insatiable bourreau qui fit tomber sur l'échafaud, au nom de ses chimères cornues, des centaines de têtes innocentes.

Michelet pense, comme Robespierre lui-même, qu'une signature d'un dictateur en fonctions, sorti lui-même de la loi du nombre, représentant par conséquent la volonté populaire, justifie tout et même les pires atrocités. Telle est l'obnubilation romantique.

CHAPITRE VII

Robespierre seul avec lui-même

ROBESPiERRE, sortit de sa torpeur, étendu, tout de son long, sur quelque chose de dur, dans un état de demi-conscience. Sa mâchoire lui faisait très mal, comme fracassée, et il comprit que son sang, dont il sentait l'odeur chaude, coulait sur un morceau de peau ou de papier, placé par une main inconnue sous sa bouche. Il mourait de soif, mais n'osait demander à boire, de peur qu'on lui refusât. Autour de lui des têtes grimaçantes, dont il ne savait plus s'il les connaissait, ou ne les connaissait pas. Quelques-uns criaient des injures. C'étaient donc des ennemis. C'était donc qu'il était vaincu. Mais comment et à la suite de quoi ? Puis, sans doute sous l'influence de la fièvre, car il avait chaud et percevait le battement de ses artères, une certaine mémoire des événements lui revint. Quelle heure était-il ? Où était-il ? Qu'étaient devenus ses amis, Couthon et Saint-Just ? Que faisaient les sections parisiennes, où il avait tant d'obligés, tant d'amis dévoués et qui auraient dû venir à son secours ?

Un ruissellement, extérieur à lui, procura un soudain rafraîchissement. Il prêta l'oreille. C'était la pluie, qui tombait à verse au dehors et coulait le long des tuyaux. Il eût désiré qu'elle coulât sur sa malheureuse figure en compote et la lavât de tout ce sang. Il demeurait immobile, appuyé sur son bras gauche ankylosé, et il lui parut qu'un petit jour blanc commençait à paraître.

C'était peut-être une illusion.

Peut-être aussi rêvait-il en proie à quelque affreux cauchemar. Mais non. Une voix demanda :

« Est-ce qu'il est crevé ? — Comment ? fit une autre voix...
Non, il n'est pas crevé. »

Puis il y eut un bruit de porte. Quelqu'un s'avança, et posa la même question :

« Est-il crevé ? »

Un autre dit :

« Et le médecin ? Vite le médecin. »

Puis un autre :

« On a tiré, qui a tiré ? »

La pluie redoublait de violence, accompagnée d'une rafale de vent, qui faisait gémir les girouettes et ronflait dans la cheminée. Un autre dit :

« Ne laissez plus entrer. Il n'y a donc pas de garde à la porte ? »

Puis le silence se fit devant une personnalité importante qui ne pouvait être que le médecin et celui-ci s'approcha du blessé, lequel se décida à demander :

« À boire — qu'on aille chercher de l'eau et un verre. »

À partir de là, Maximilien fut tout à l'attente de ce verre et à la crainte que, dans le coudoiement de tout ce monde, le verre ne tombât, répandant le précieux liquide qui continuait à dégouliner par les rues et sur les vitres d'une fenêtre faiblement éclairée par l'aube.

« — Entrouvrez la fenêtre, *fit la voix autoritaire du médecin.*
On étouffe. »

Puis il réclama « de la lumière » et, d'un linge dont Maximilien apprécia la douceur, s'appliqua à étancher le sang qui continuait à couler.

« — Tiens, voici une dent, deux dents. Souffrez-vous, citoyen Robespierre ? »

« — Pas mal », répondit Maximilien.

De fait sa joue était en feu et enflée, en plus percée en son milieu. Les voix s'étaient tues, les chuchotements continuaient. Et cette boisson qui n'arrivait pas. Enfin un pas précautionneux se fit entendre et le docteur murmura :

« — Une cuiller. Dans l'état où est sa bouche, il ne pourra pas boire autrement. Citoyens, poussez-vous un peu vers le fond. Je n'ai plus la liberté de mes mouvements. Quelques-uns d'entre vous ne pourraient-ils pas s'en aller ? »

Quand la cuiller fut là :

« Buvez, citoyen Robespierre, dit le médecin d'une voix compatissante. »

Il souleva la tête du malheureux, qui n'était plus qu'une pauvre loque, et, entrouvrant la bouche, versa l'eau de la cuiller, sans en laisser tomber une goutte.

« — C'est bon. Merci, docteur. J'en voudrais encore une. Mais tout le verre, c'est votre droit. J'espère que le sang va s'arrêter de couler. Quand vous aurez achevé de boire, je tamponnerai encore un peu. »

« — Où est Couthon, où est Saint-Just ? s'informa Robespierre, d'une voix plus ferme, bien que balbutiante et que la douleur faisait trembler. »

« — Je ne sais pas »,

fit l'homme de l'art, qui savait parfaitement. Il avait entendu dire que Saint-Just était à la Conciergerie, qu'on avait failli jeter Couthon à l'eau avec sa boîte et que le frère du « tyran » s'était précipité par la fenêtre sur le pavé. Les médecins sont toujours les premiers renseignés.

« — Et Hen... riot ? reprit le patient. »

Un rire étouffé lui répondit. Celui d'un grand gaillard en costume de forgeron auquel ses voisins enjoignirent de se taire et qui obéit en maugréant :

« Je suis des Gravilliers. »

Le médecin savait aussi que tous les vaincus de la veille seraient envoyés au plus tôt à la guillotine. On racontait même que leurs bulletins étaient déjà signés. Le brave homme, pris de compassion, tenta d'arracher Maximilien à la mort :

« — Je n'ai pas ici ce qu'il faut pour vous opérer et vous rendre la liberté de la parole. Dès le lever du soleil je vais vous faire porter à l'Hôtel-Dieu... »

« — Quel jour sommes-nous ? »

« — Dix thermidor. »

« — Ah oui... Hier le 9... »

Robespierre grelottait. Sa soif était apaisée. Il ferma les yeux et se mit à somnoler, le sang ne coulant plus. Alors il eut un cauchemar et se vit arraché de la fête de l'Être Suprême par deux personnages, haineux et fourbes, dans lesquels il reconnut Barras et Fréron, ses visiteurs de la rue Saint-Honoré. De nouveau réveillé par la souffrance, il remarqua que le médecin, allongé sur deux chaises, somnolait à son tour et que la pluie en était à la phase de l'égouttement. Les assistants avaient disparu. Un fauteuil était placé devant une table sur laquelle il y avait une cuvette pleine d'eau et un linge.

« — Ne pourrais-je me sauver ? » se demanda Maximilien.

Il se rendait compte qu'il avait été vaincu à cette séance de la Convention où, la veille, ses ennemis conjurés l'avaient empêché de parler et que les sections l'avaient abandonné. Revirement dont les causes profondes lui échappaient encore. La stupeur avait agi, elle aussi, même et surtout sur la Commune, que Barras avait facilement terrorisé. Mais la situation, compromise à l'extrême, pouvait encore être retournée et les innombrables robespierristes de Paris devaient se ressaisir, s'ils savaient leur chef encore vivant... D'abord sortir d'ici avec la complicité de quelques employés du Comité de Salut public dont il avait vaguement reconnu les visages. Puis se réfugier chez un ami sûr et peu connu, un parent des

Duplay par exemple, ou un parent des Jullien avec lequel il avait soupé à plusieurs reprises et de là prévenir et regrouper les partisans :

Mon étoile n'a pas pu disparaître en quelques heures. Un peu d'énergie que diable ! Autrement ces misérables m'enverront à l'échafaud.

Ramassant toutes ses forces, celui qui, l'avant-veille encore, tenait la capitale sous sa loi, se souleva, posa les pieds à terre et alla s'asseoir, tant bien que mal, oscillant sur ses jambes, dans le fauteuil. Sa mâchoire lui faisant un mal affreux, il prit la compresse et l'appuya contre sa joue, ce qui lui procura un soulagement. Mais, en reposant la cuvette d'eau, il fit du bruit et le médecin se réveilla.

« — Qu'est-ce que vous faites ? N'êtes-vous pas fou, avec la mâchoire dans cet état. »

« — Ne doit-on pas me transférer à l'Hôtel-Dieu ? »

« — Les gardiens ne sont pas encore là. Voulez-vous que je vous aide à vous recoucher. »

« — Non, non, je préfère les attendre ici. Docteur approchez-vous, je n'ai qu'un souffle de voix. Ne pourriez-vous m'aider à sortir d'ici ? »

« — Comment cela, mon pauvre ami. Les portes sont gardées. »

« — Où est Saint-Just ? À la Conciergerie. »

« — Qu'attend-il ? »

« — Les ordres de la Convention... »

« — Et Coffinhal ? »

« — J'ignore son destin. »

Une lueur se fit dans l'esprit endolori de Robespierre :

« Ce misérable Fouquier-Tinville est un lâche. S'il a un ordre de Thuriot et de Billaud, il va nous faire exécuter ce matin. »

Le médecin ne répondit pas. Comme il retournait à son fauteuil, Maximilien ressentit au-dessus des mollets une vive douleur, causée par la pression de sa boucle et de sa culotte trempée d'eau. Il jeta un cri. Au même moment la porte s'ouvrait et deux robustes gardiens, la figure écarquillée de curiosité, pénétraient dans la pièce. Le jour était venu. L'un des hommes était un hébertiste et plein de rancune et d'amertume. L'autre, indifférent, appartenait aux bureaux de Carnot.

« — Détachez les boucles de sa culotte. Elles le serrent et le font souffrir. »

Les gardiens obéirent, chacun d'un côté, avec mille précautions. Leur patient demeurait impassible. Quand ce fut fini, il dit avec effort, mais d'une voix douce :

« — Je vous remercie, monsieur. »

Ainsi rentra dans l'usage cette appellation qu'on croyait à jamais abandonnée.

Si Maximilien avait pu conserver quelque doute sur l'état d'esprit de la population parisienne, celui-ci se dissipa pendant le trajet de l'Hôtel-Dieu, puis pendant celui de l'Hôtel-Dieu à la conciergerie. L'événement de la veille était connu et commenté partout. Dans les prisons, dans les carrefours, malgré l'heure matinale, ce n'étaient que chants d'allégresse, danses, congratulations, car, avec la fin de la Terreur, Paris célébrait la délivrance des hommes oppressées, le retour à la vie normale.

Le soleil s'était levé. La journée s'annonçait particulièrement chaude et le bruit d'une exécution prochaine des « monstres » s'étant répandu, la grande ville était déjà dehors, comme pour une fête nationale. Des femmes tenaient dans les bras leurs marmots. Les hommes avaient abandonné leurs besognes et s'interpellaient les uns les autres.

Les trembleurs d'hier étaient les plus excités d'aujourd'hui.

Celui à qui la veille encore on imputait toutes les vertus était maintenant chargé de tous les crimes. Le bruit courait, comme pour Marie-Antoinette, qu'il avait voulu affamer les Parisiens en décrétant le maximum, qu'il renchérissait sur Marat. N'avait-on pas trouvé dans ses poches, au moment de son arrestation, un étui fleurdelisé.

On colportait aussi ce bruit qu'il projetait de faire roi le dauphin. Son invention de l'Être suprême faisait rire. Ses complices, Couthon et Saint-Just, allaient y passer avec lui. Ainsi la fête serait complète, et, après ce service rendu à la société, la machine épouvantable serait envoyée à la ferraille, peut-être même avec le bourreau. Quant à Fouquier-Tinville et aux autres, « ils n'y couperaient pas une fois qu'ils auraient coupé le tyran. » Une décompression joyeuse annonçait une réaction qui prendrait les allures de revanche et qui dilatait tous les cœurs. Les dieux du jour étaient Barras, d'abord, le vainqueur de la Commune, puis Tallien et sa belle amie, arrachée aux griffes de Robespierre. Il faut toujours qu'aux actes violents des hommes se mêlent quelques appas et douceurs de la beauté féminine. Voici donc qu'à la déesse Raison succédait, brillante et suave, comme cette grande journée, celle qui garderait, devant l'Histoire, le nom de Notre-Dame de Thermidor.

Le président Dumas ayant été jugé par ses propres juges de prairial, anomalie à la fois monstrueuse et comique, il restait à reconnaître l'identité des personnes avant de procéder à l'exécution du décret de mise hors la loi. (Michelet.)

« Tout de suite, l'échafaud, tout de suite », réclamait Thuriot, qui craignait un second revirement, car tout était possible. Et il ordonna qu'on le dressât sans tarder, avec l'assentiment joyeux de la Sûreté générale laquelle avait été, nous l'avons montré, pour beaucoup dans l'événement.

À 3 heures, l'identité des personnes était reconnue et la cérémonie Expiatoire devait avoir lieu à 5 heures.

Ces formalités administratives avaient laissé Robespierre indifférent. Il se rendait seulement compte de ceci qu'il avait déchaîné, avec Marat et Danton, des forces populaires d'une extrême violence, qui s'étaient brusquement retournées contre lui. Ainsi allait-il être la victime de cette Révolution en partie suscitée et conduite par lui.

Sa destinée se rapprochait ainsi de celle de César, victime lui aussi d'une conjuration de ses intimes, à laquelle il ne voulait pas croire, et ses souvenirs scolaires se mêlaient aux impressions violentes qui se succédaient en lui depuis la veille. Mais comment, devant cette Convention qu'il avait tant de fois dominée, ses forces de résistance l'avaient-elles abandonné tout à coup ?

Roulant ces problèmes dans sa tête ayant renoncé à son salut, non à son orgueil, il revoyait cette journée de l'Être suprême, dont il portait encore, par débris, le costume somptueux. Là encore il se rappela cet exemple de grammaire latine :

« La roche Tarpéienne est près du Capitole. »

Il ne sortit de ses réflexions que pour monter *cahin-caha* sur la charrette, un compagnie de ses amis, comme lui en lambeaux ou broyés de coups et liés aux barreaux par des cordes. Seul Saint-Just, droit et indomptable, avait ses mouvements à peu près libres. Mais Maximilien sous le bandeau qui la soutenait, souffrait du bris de sa mâchoire et était de nouveau tenaillé par la soif.

Alors, et tandis que la voiture de la mort s'engageait dans une double haie de clameurs de colère et d'allégresse, il eut cette impression étrange que lui-même s'envoyait au supplice, comme il en avait envoyé tant d'autres, que ce supplice était un suicide, et plus il voulait chasser cette pensée, plus elle s'attachait à lui. Les cris de la rue ne la chassaient pas, ni ceux des femmes dépoitraillées à cause de la chaleur, qui ne cessaient, quelques-unes bien jolies, de vociférer :

« Assassin, scélérat, canaille ! »

En le menaçant du poing. Il y avait là sans doute des mères, des femmes, des sœurs de ses victimes, expédiées à la guillotine par le tribunal révolutionnaire. Pouvait-il même leur en vouloir et à quoi avait servi sa dureté ? Mais le plus pénible pour lui était de voir des femmes du peuple, de ce peuple qu'il avait voulu arracher à sa misère, et qui montraient le même acharnement que les belles dames, les seins dehors et couvertes de bijoux :

« Mais pleure donc, crapule ! »

Lui criaient-elles et les gendarmes avaient du mal, en les menaçant de leurs sabres, à les écarter de la charrette. Les gardiens de l'ordre, eux aussi, étaient retournés comme toute la population et riaient, en montrant les condamnés.

Devant la maison Duplay rue Saint-Honoré, un enfant jeta sur la porte le contenu d'un seau de sang de bœuf, Robespierre détourna la tête. Qu'étaient devenus ses amis Duplay, ces braves gens de la vie desquels il avait vécu et qu'il avait peut-être entraîné dans la mort ?

On arrivait place de la Révolution, noire de monde, pareille à une houle de haine. Il fallut délier les condamnés. Opération qui prit un certain temps, parmi les invectives et les poussées des spectateurs. Robespierre gardait un calme impressionnant, la tête levée, les yeux froids, en gravissant les degrés de l'échafaud. Comme il arrivait sur la plate-forme, un aide bourreau surexcité arracha le bandeau de sa mâchoire et sa dernière image fut celle d'un trou d'ombre ensanglanté. Un instant après le couteau tombait sur celui qui l'avait tant de fois commandé.

Il était le vingtième de sa série.

Soixante-dix membres de la Commune le suivirent chez Adès le lendemain et douze le surlendemain, 30 juillet. Pendant ces trois journées sauvages, et qui mettaient fin à une sauvagerie pire, un déferlement d'enthousiasme et de sensualité gagna la grande ville et les « bals des victimes » commencèrent.

CHAPITRE VIII

L'enchaînement
de la légende révolutionnaire

Au bout d'un siècle et demi, soit un peu plus de quatre générations, nous voyons plus nettement aujourd'hui ce fléau matériel, intellectuel et moral qu'a été la Révolution de 1789. Dans son remarquable ouvrage *Chute de l'Ancien Régime*, M. Edmond Soreau, au chapitre intitulé « Le Soleil Levant de la Terreur », écrit ceci :

> « Les Historiens font en général débuter la Terreur en 1793. Ils se trompent. La Terreur naît en juillet 1789. En 1793 et 1794 elle agonise. C'est alors son *delirium tremens*. »
> Rien de plus exact. Le projet de prise de la Bastille hantait de longue date certains esprits, notamment celui du duc d'Orléans, le futur Philippe-Égalité, qui, à la veille de la journée du 14 juillet, fixée pour l'assaut à la vieille prison, fit fabriquer par son serrurier, le sieur Faure, six cents piques portées au district des Filles-Saint-Thomas. Je cite textuellement M. Soreau (pages 208 et 209) :
>
> « Enfin, l'enquête ouverte par le Châtelet sur les émeutes qui ont eu lieu à Versailles les 5 et 6 octobre 1789 révèle l'esprit terroriste régnant dès juillet, Peltier, trente ans, négociant, rue Neuve-des-Petits-Champs, dépose avoir entendu, en pleine Assemblée nationale, Barnave interroger : *« Le sang qui coule est-il donc si pur ? »*

« Giron de la Motte, trente-deux ans, capitaine à la suite, 18, rue Notre-Dame-des-Victoires, dépose avoir connu diverses motions faites au Palais-Royal. Les mêmes orateurs répètent chaque jour les mêmes choses.

« Louis-Poterne Antoine, vingt-sept ans, compagnon chez le sieur Faure, serrurier dit duc d'Orléans, dépose avoir fabriqué, le 14 juillet, avec quelques autres, six cents piques. Ils les ont portées au district des Filles-Saint-Thomas. Ils ont reçu un louis pour boire.

« Faure, cinquante ans, maître-serrurier, rue Saint-Georges, le 14 juillet, le district des Filles-Saint-Thomas lui a fait confectionner quelques piques.

« Malouet, quarante-neuf ans, intendant de la marine, député à l'Assemblée nationale, place de la Ville l'évêque, dépose que lui et ses amis politiques reçoivent des lettres anonymes, annonçant une mort prompte et violente à tout député qui défendrait l'autorité royale.

« Pépin, trente-quatre ans, colporteur, 211, rue des Vertus, a été blessé, le 12 juillet, place Louis XV. Il a reçu un coup de feu et un coup de sabre. Il a été porté au Palais-Royal, pansé, entouré, montré et remontré. On lui a dit qu'il avait été frappé par les troupes.

« Dupuis vingt-neuf ans, domestique du comte de Virient dépose que Tailleur, garçon vitrier, lui a dit avoir reçu, en juillet, un louis au Palais-Royal pour aller à la Muette reconnaître le camp établi par le prince de Lambesc.

« De Guilhermy, vingt-neuf ans, procureur du roi en la sénéchaussée et siège de Castelnaudary, député à l'Assemblée nationale, hôtel de Sicile, rue Richelieu, dépose avoir oui dire en août à MM. Malouest, Dufraisse et Maison-Neuve, députés d'Auvergne, que le jour où le roi vint à Paris, en juillet, déjeunant avec Coroller du Moustoir, celui-ci avoua être d'une espèce de comité qui avait entretenu correspondance avec les régiments pour les engager à la défection et que, pour soulever le peuple, si la Cour n'avait pas renvoyé Necker, on aurait mis le feu au Palais-Bourbon.

« Thierry de la Ville, trente-cinq ans, ci-devant capitaine à la 15e compagnie de Versailles, connaît les délégations envoyées par le Palais-Royal à l'Assemblée. Le duc d'Orléans aurait effectué la neutralité.

« Les violences impunies, approuvées tacitement, annoncent la violence légale. »

Les grandes étapes de la Révolution vont du 14 juillet 1789 et des journées des 5 et 6 octobre à Versailles, jusqu'au 10 août 1792 et à l'attaque des Tuileries, puis à l'abdication de la monarchie et à la proclamation de la République. Le mois de septembre 1792 voit simultanément les massacres organisés par Danton et l'entrée en séance de la Convention. Le 21 janvier 1793, c'est l'assassinat « légal » de Louis XVI et, au mois d'octobre suivant, c'est celui de la reine. La dictature de Robespierre prend fin le 9 thermidor 1794. Entre temps Marat a été assassiné par Charlotte Corday le 13 juillet 1793 et la guerre étrangère a été décrétée par Brissot et les Girondins en 1792.

Après l'exécution du roi et de la reine, la Révolution s'était sentie sans but politique. C'est alors qu'elle devint sociale et s'attaqua, par la loi des suspects et les lois de Ventôse, à la lutte des pauvres et des riches, c'est-à-dire à la lutte de classes. Commencée dans le sang, cette période honteuse et tragique de notre Histoire devait se terminer dans le sang. Le régime des assemblées inaugura le règne de la gabegie, tel que l'a dépeint Albert Mathiez. Sur cette affreuse tragédie plane, auprès de celle du Comité de Salut public, l'ombre du Comité de Sûreté générale, c'est-à-dire de la police politique.

La légende révolutionnaire a commencé par la prise de la Bastille représentée ainsi que le symbole de l'émancipation de la nation française plongée dans les fers par ses tyrans, les rois, qui, en réalité, l'avaient faite et sauvegardé. Cette affreuse journée a commencé en fait la série des assassinats publics dont il devait être fait, pendant six ans, un si grand usage, les uns opérés par la foule rendue à la sauvagerie de ses instincts, les autres consécutifs à des faux jugements rendus par des tribunaux d'exception, ou plus exactement à des abattoirs, que commandaient les maniaques de la tuerie et dont le représentant type fut Fouquier-Tinville. Un historien pour rire — mais pour rire largement — M. Seignobos, a prétendu que c'était le peuple français qui avait créé la France et fait d'elle, sous Louis XIV, la reine de la civilisation. Certes le peuple français a travaillé, d'un vaste labeur collectif à la vie matérielle de notre pays, à son agriculture, à son armée, à sa culture, à ses monuments, mais à la façon des matelots d'un navire que commandait et dirigeait, suivant les mêmes principes à travers les âges, le roi héréditaire. Les masses populaires n'entendent rien à la politique, ignorent les leçons de l'Histoire et, si on leur remet le pouvoir, ne savent que le gaspiller et consommer en vagues besognes ou en discussions sans issue.

La preuve à l'heure où j'écris en est faite.

La prétendue souveraineté du suffrage universel n'aboutit qu'à des lois hagardes et bâclées, aussitôt oubliées que promulguées quand elles ne sont pas sapées, dès leur début, par l'amendement, ce fléau des assemblées législatives. Car l'amendement consiste à altérer, contrarier ou rétracter le principe que la loi vient de poser et les injonctions qu'elle vient d'émettre. Il dispense tant de catégories d'assujettis d'obéir à ladite loi, que celle-ci est, dès le début de son application, en partie vidée de sa substance et, comme telle, mûre pour la désuétude et l'oubli.

Cette question fondamentale de l'amendement n'est jamais posée, — et pour cause — dans les assemblées dont elle démontre l'inefficacité. L'amendement, c'est la passoire par où s'écoule la loi.

La légende du 14 juillet, anéantie dans les faits par tous les historiens sérieux, donne cette journée comme une explosion spontanée de la colère populaire qu'animait l'esprit de justice. Rien de plus faux ; elle fut organisée par le duc d'Orléans, aidé de Choderlos de Laclos, qui, par la suite devint secrétaire des Jacobins et rédacteur en chef de leur journal. Celui qui devait s'encanailler en Philippe-Égalité disposait d'une énorme fortune, plusieurs millions de revenu et des recettes du Palais-Royal, bordels et tripots. Il avait eu la tête tournée par les acclamations de la populace à l'ouverture des États généraux. Il convoitait à la fois la reine et la couronne. Il avait, nous venons de le voir, commandé les piques destinées à promener les têtes du gouverneur de Launay, de Flesselles, de Foulon, Berthier et des autres victimes désignées. Lui et Laclos devaient, aux 5 et 6 octobre de la même année, reprendre leur criminelle besogne, avec la ruée à Versailles d'hommes de main travestis en tricoteuses et que conduisait la putain Terwagne, dite Théroigne de Méricourt, la fille à tout faire de l'émeute et la meurtrière de François Suleau, l'héroïque directeur des *Actes des Apôtres*.

Ce furent encore ces deux misérables qui organisèrent, aux portes de Paris, des fausses famines destinées à soulever la population.

La démocratie d'après 70 a pris à son compte cette légende, l'a enseignée dans les écoles, inculquée aux pauvres enfants qu'elle abrutit et qu'elle empoisonne, en leur représentant la Révolution de 1789 comme la fin de la barbarie et le début d'une ère nouvelle, alors qu'elle fut barbare par excellence et demeure la source de tous nos maux.

Aux apologistes de la Révolution, censée étape du « progrès » humain, il n'y a que deux noms à répondre André Chénier, un de nos plus grands poètes, Lavoisier, un de nos plus grands savants, l'un et l'autre guillotinés par la Bête surgie dans les Droits de l'Homme.

On connaît la réplique célèbre :

« La République n'a pas besoin de savants. »

Sans doute n'a-t-elle pas non plus besoin de poètes. À coup sûr n'a-t-elle pas besoin de religieux ni de religieuses (voir le pamphlet de Diderot) ni de rien de ce qui fait l'honneur et, malgré ses vicissitudes, la pérennité d'un peuple et de son langage.

Qu'y avait-il dans la Bastille, dans les cachots de la Bastille au moment de son envahissement par une populace guidée : deux fous, disparus au cours de l'émeute, et un filou faux-monnayeur. Toute la soirée un garçon boucher se promena, avec la tête sanglante du gouverneur de Launay, félicité par les copains. C'était là une espèce de rite, pratiqué de nouveau au 10 août, avec la tête de Mandat, chef des défenseurs des Tuileries, aux massacres de septembre, avec la tête de la princesse de Lamballe, tranchée sur une borne de la rue Pavée-au-Marais, conduite au Temple avec stations dans les cabarets et présentée à la fenêtre de Marie-Antoinette épouvantée. Après la décapitation rituelle on présentait à la foule les têtes des suppliciés et, si ceux-ci étaient de marque, le bourreau ou son aide les souffletait. Dans la dernière révolution espagnole, celle de 1936, on déterra des Carmélites, et on leur mit par dérision des cigarettes entre les maxillaires.

On sait qu'à la démolition de la Bastille il s'institua une vente de ses débris, considérés comme des amulettes. Les entrepreneurs durent faire ainsi une bonne opération. Ainsi se propagea la légende de la délivrance d'une tyrannie qui n'existait pas. Quant aux fameuses « lettres de cachet » nous en avons vu, depuis 1880, assez d'exemples que ne justifiait en aucune façon la raison d'État. Je connais un père de famille qui a été envoyé en prison — il est vrai qu'il s'en évada — pour s'être permis de défendre la mémoire d'un de ses enfants, assassiné, à l'âge de quatorze ans et demi, par la police politique de la République. Ainsi l'exigeait le président du Conseil, ex-président de la République Poincaré, beau-frère de l'assassin, le policier Lannes.

La légende du 14 juillet ne s'est pas étendue au Tribunal révolutionnaire, création de Danton et que celui-ci maudit avant son exécution, d'ordre de Robespierre. La plaisanterie eût été un peu forte. M. Wallon a écrit, sur textes, l'Histoire complète du Tribunal révolutionnaire, ses effroyables séances, ses faux témoins, ses ignobles jugements. Aucune réfutation n'était possible. Aucune n'a été tentée. En province des tribunaux analogues furent fondés et fonctionnèrent de façon identique. Là aussi la légende se tut. C'était ce qu'elle avait de mieux à faire. Ces tribunaux, souvent improvisés, arrêtaient les gens au petit bonheur, sur une simple dénonciation.

Ce furent l'enfer des créanciers et le paradis des débiteurs.

Une autre légende révolutionnaire s'attacha au nom de Saint-Just, triumvir de la Terreur avec Couthon et Robespierre et guillotiné avec eux le 9 thermidor. Charles Nodier, en 1831, a fait réimprimer ses élucubrations dites *« institutions »* et caractérisé l'homme dans les termes suivants :

> *« Ressuscitez de sa tombe, je ne dis pas Rienzi, je ne dis pas même un Gracque, ce ne serait pas encore cela, mais Agis ou Cléomène, et conduisez-le de primsault, comme dit Montaigne, à la tribune de la Convention nationale, sans avoir pris la précaution de lui faire secouer la poussière de Lacédémone, et de lui montrer le genre humain, vous aurez Saint-Just tout entier, c'est-à-dire un enfant extraordinairement précoce qui ne sait ce qu'il dit, un grand homme en espérance qui n'a pas le sens commun. »*

Voici maintenant quelques extraits de ces *« institutions »* délirantes et, par endroits, nettement comiques. Elles montrent à quel genre d'idéologues la France était alors livrée :

> *« Le despotisme se trouve dans le pouvoir unique, et ne diminue que plus il y a d'institutions. Nos institutions sont composées de beaucoup de membres et les institutions sont en petit nombre. Il faudrait que nos institutions fussent en grand nombre et composées de peu de personnes...*

« — *Quiconque est magistrat n'est plus du peuple. Les autorités ne peuvent affecter aucun rang dans le peuple. Elles n'ont de rang que par rapport aux coupables et aux lois. Un citoyen vertueux doit être considéré plus qu'un magistrat... Lorsqu'on parle à un fonctionnaire, on ne doit pas dire citoyen ; ce titre est au-dessus de lui.*
« — *Le gouvernement républicain a la vertu pour principe, sinon la terreur. Que veulent ceux qui ne veulent ni la vertu ni la terreur ?...*
« — *Voici le but qu'il nous semble qu'on pourrait se proposer d'atteindre :*

« 1° *Rendre impossible la contrefaçon des monnaies ;*
« 2° *asseoir équitablement les tributs sur tous les grains, sur tous les produits, par un moyen facile, sans fisc, sans agents nombreux ;*
« 3° *lever tous les tributs en un seul jour sur toute la France ;*
« 4° *proportionner les dépenses de l'État à la quantité de signes en circulation nécessaires aux affaires particulières ;*
« 5° *empêcher tout le monde de resserrer les monnaies, de thésauriser et de négliger l'industrie pour vivre dans l'oisiveté ;*
« 6° *rendre le signe inaliénable et l'étranger ;*
« 7° *connaître invariablement la somme des profits faits dans une année ;*
« 8° *donner à tous les Français les moyens d'obtenir les premières nécessités de la vie, sans dépendre d'autre chose que des lois et sans dépendance mutuelle dans l'état civil.*

« QUELQUES INSTITUTIONS CIVILES DURABLES.
« *Les enfants appartiennent à leur mère jusqu'à l'âge de cinq ans, si elle les a nourris, et à la République ensuite jusqu'à la mort.*

> *« La mère qui n'a point nourri son enfant a cessé d'être mère aux yeux de la Patrie. Elle et son époux doivent se représenter devant le magistrat pour y répéter leur engagement, ou leur union n'a plus d'effet civil.*
>
> *« L'enfant, le citoyen appartiennent à la Patrie. L'instruction commune est nécessaire. La discipline de l'enfance est rigoureuse.*
>
> *« On élève les enfants dans l'amour du silence et le mépris des rhéteurs. Ils sont formés au laconisme du langage...*
>
> *« On ne peut frapper ni caresser les enfants. On leur apprend le bien, on les laisse à la nature.*
>
> *« Celui qui frappe un enfant est banni. Les enfants sont vêtus de toile dans toutes les saisons. Ils couchent sur des nattes et dorment huit heures.*
>
> *« Ils sont nourris en commun, et ne vivent que de racines, de fruits, de légumes, de laitage, de pain et d'eau...*
>
> *« Tous les enfants conservent le même costume jusqu'à seize ans ; depuis seize ans jusqu'à vingt et un ans, ils auront le costume d'ouvrier, depuis vingt et un ans jusqu'à vingt-six, celui de soldat, s'ils ne sont point magistrats.*
>
> *« Ils ne peuvent prendre le costume des arts qu'après avoir traversé, aux yeux du peuple, un fleuve à la nage, le jour de la fête de la Jeunesse...*
>
> *« Les filles sont élevées dans la maison maternelle. Dans les jours de fête, une vierge ne peut paraître en public, après dix ans, sans sa mère, son père ou son tuteur.*
>
> « DES AFFECTIONS. — *Tout homme âgé de vingt-cinq ans est tenu de déclarer dans le temple quels sont ses amis. Cette déclaration doit être renouvelée tous les ans pendant le mois de Ventôse.*
>
> *« Si un homme quitte son ami, il est tenu d'en expliquer les motifs devant le peuple dans le temps, sur l'appel d'un citoyen ou du plus vieux ; s'il refuse, il est banni...*
>
> *« Si un homme commet un crime, ses amis sont bannis...*
>
> *« Celui qui dit qu'il ne croit pas à l'amitié ou qui n'a point d'amis est banni.*
>
> *« Un homme convaincu d'ingratitude est banni.*

« DE LA COMMUNAUTÉ. — *L'homme et la femme qui s'aiment sont époux. S'ils n'ont point d'enfants, ils peuvent tenir leur engagement secret ; mais si l'épouse devient grosse, ils sont tenus de déclarer aux Magistrats qu'ils sont époux...*

« *Les époux qui n'ont point eu d'enfants pendant les sept premières années de leur union et qui n'en ont point adopté, sont séparés par la loi et doivent se quitter.*

« DE L'HÉRÉDITÉ. — *L'hérédité est exclusive entre les parents directs. Les parents directs sont les aïeuls, le père et la mère, les enfants, le frère et la sœur.*

« *Les parents indirects ne succèdent point.*

« *La République succède à ceux que meurent sans parents directs...*

« *Nul ne peut déshériter ni tester.*

« DES CONTRATS. — *Les contrats n'ont d'autres règles que la volonté des parties ; ils ne peuvent engager les personnes.*

« *Nul ne peut contracter sans la présence de ses amis, ou le contrat est nul.*

« *Le même contrat ne peut engager plus de deux personnes ; s'il en engage plus, il est nul.*

« *Tout contrat est signé par les parties et par les amis ou il est nul.*

« *Ce sont les amis qui reçoivent les contrats.*

« *Les procès sont vidés devant les amis des parties constitués arbitres.*

« *Celui qui perd son procès est privé du droit de citoyen pendant un an.*

« QUELQUES INSTITUTIONS PÉNALES. — *Celui qui frappe quelqu'un est puni de trois mois de détention ; si le sang a coulé, il est banni.*

« *Celui qui frappe une femme est banni.*

« *Celui qui a vu frapper un homme, une femme, et qui n'a point arrêté celui qui frappait, est puni d'un an de détention.*

« *L'ivresse sera punie ; celui qui, étant ivre, aura dit ou commis le mal, sera banni.*

« *Les meurtriers seront vêtus de noir toute leur vie, et seront mis à mort s'ils quittent cet habit.*

« Quelques institutions morales sur les fêtes. — *Le peuple français reconnaît l'Être suprême et l'immortalité de l'âme Les premiers jours de tous les mois sont consacrés à l'Éternel*

« *Tous les cultes sont également permis et privilégiés...*

« *Les temples publics sont ouverts à tous les cultes.*

« *Le prêtre d'aucun culte ne pourra paraître en public avec ses attributs, sous peine de bannissement.*

« *L'encens fumera jour et nuit dans les temples publics, et sera entretenu tour à tour, pendant vingt quatre heures, par les vieillards âgés de soixante ans...*

« *Les lois générales sont proclamées solennellement dans les temples...*

« *Tous les ans, le 1er floréal, le peuple de chaque commune choisira, parmi ceux de la commune exclusivement et dans les temples, un jeune homme riche, vertueux et sans difformité, âgé de vingt et un ans accomplis et de moins de trente, qui choisira et épousera une vierge pauvre en mémoire de l'égalité humaine.*

« *Il y aura des lycées qui distribueront des prix d'éloquence.*

« *Le concours pour le prix d'éloquence n'aura jamais lieu par des discours d'apparat. Le prix d'éloquence sera donné au laconisme, à celui qui aura proféré une parole sublime dans un péril, qui par une harangue sage aura sauvé la Patrie, rappelé le peuple aux mœurs, rallié les soldats.*

« Des vieillards, des Assemblées dans les temples et de la censure. — *Les hommes qui auront toujours vécu sans reproche porteront une écharpe blanche à soixante ans. Ils se présenteront à cet effet dans le temple, le jour de la fête de la Vieillesse, au jugement de leurs concitoyens, et, si personne ne les accuse, ils prendront l'écharpe.*

« Le respect de la vieillesse est un culte dans notre Patrie. Un homme revêtu de l'écharpe blanche ne peut être condamné qu'à l'exil.

« Les vieillards qui portent l'écharpe blanche doivent censurer, dans les temples, la vie privée des fonctionnaires et des jeunes gens qui ont moins de vingt et un ans.

« Le plus vieux d'une commune est tenu de se montrer dans le temple tous les dix jours, et d'exprimer son opinion sur la conduite des fonctionnaires...

« Celui qui frapperait ou injurierait quelqu'un dans les temples serait puni de mort.

« Quelques institutions rurales et somptuaires. — Tout propriétaire qui n'exerce point de métier, qui n'est point magistrat, qui a plus de vingt-cinq ans, est tenu de cultiver la terre jusqu'à cinquante ans.

« Tout propriétaire est tenu, sous peine d'être privé du droit de citoyen pendant l'année, d'élever quatre moutons en raison de chaque arpent de terre qu'il possède.

« L'oisiveté est punie ; l'industrie est protégée...

« Tout citoyen rendra compte tous les ans dans les temples de l'emploi de sa fortune...

« Il n'y a point de domesticité ; celui qui travaille pour un citoyen est de sa famille et mange avec lui.

« Nul ne mangera de chair le troisième, le sixième, le neuvième jour des décades.

« Les enfants ne mangeront point de chair avant seize ans accomplis.

« Sinon dans les monnaies, l'or et l'argent sont interdits.

« Des mœurs de l'Armée. — Les camps sont interdits aux femmes sous peine de mort.

« Un soldat a le droit de porter une étoile d'or sur son vêtement à l'endroit où il a reçu des blessures ; ces étoiles lui seront données par la Patrie. S'il est mutilé ou s'il a été blessé au visage, il porte l'étoile sur le cœur...

« *Il faut entretenir, en temps de paix, huit cent mille hommes, répartis dans toutes les places...*

« Des censeurs. — *Il faut dans toute révolution un dictateur pour sauver l'État par la force, ou des censeurs pour le sauver par la vertu.*

« *Il faut créer des magistrats pour donner l'exemple des mœurs.*

« *La censure la plus sévère est exercée sur ceux qui sont employés dans le gouvernement.*

« *Il sera établi dans chaque district et dans chaque commune de la République, jusqu'à la paix, un censeur des fonctionnaires publics...*

« *Il est interdit aux censeurs de parler en public. La modestie et l'austérité sont leurs vertus. Ils sont inflexibles. Ils appellent les fonctionnaires pour leur demander compte de leur conduite ; ils dénoncent tout abus et toute injustice dans le gouvernement ; ils ne peuvent rien atténuer ni pardonner...*

« *L'indemnité des censeurs est portée à six mille livres.*

« Des garanties. — *Tout citoyen, quels que soient son âge et son sexe, qui n'aura aucune fonction publique, a le droit d'accuser devant les tribunaux criminels un homme revêtu d'autorité qui s'est rendu coupable envers lui d'un acte arbitraire.*

« *Si l'homme revêtu d'autorité est convaincu, le bannissement est prononcé contre lui, et la mort s'il rentre sur le territoire.*

« *Si les tribunaux criminels refusent d'entendre le citoyen qui intentera plainte, il formera sa plainte devant le peuple, le jour de la fête de l'Être suprême ; et si la cause n'est point jugée trente jours après, le tribunal est puni par la loi...*

« *Si un député du peuple est condamné, il doit choisir un exil hors de l'Europe, pour épargner au peuple l'image du supplice de ses représentants.*

« Du domaine public. — *Le domaine et les revenus publics se composent des impôts, des successions attribuées à la République et des biens nationaux.*

> « Il n'existera d'autres impôts que l'obligation civile de chaque citoyen âgé de vingt et un ans de remettre à un officier public, tous les ans, le dixième de son revenu et le quinzième du produit de son industrie.
> « Le tableau des payements sera imprimé et affiché toute l'année.
> « Le domaine public est établi pour réparer l'infortune des membres du corps social.
> « Le domaine public est également établi pour soulager le peuple du poids des tributs dans les temps difficiles.
> « La vertu, les bienfaits et le malheur donnent des droits à une indemnité sur le domaine public. Celui-là seul peut y prétendre qui s'est rendu recommandable à la patrie par son désintéressement, son courage, son humanité.
> « La République indemnise les soldats mutilés, les vieillards qui ont porté les armes dans leur enfance, ceux qui ont nourri leur père et leur mère, ceux qui ont adopté des enfants, ceux qui ont plus de quatre enfants du même lit ; les époux vieux qui ne sont pas séparés ; les orphelins, les enfants abandonnés, les grands hommes ; ceux qui se sont sacrifiés pour l'amitié ; ceux qui ont perdu des troupeaux ; ceux qui ont été détruits par la guerre, par les orages par les intempéries des saisons.
> « Le domaine public solde l'éducation des enfants, fait des avances aux jeunes époux, et s'afferme à ceux qui n'ont point de terres. »

On voit par-là quelle étonnante araignée révolutionnaire nourrissait Saint-Just dans son plafond. Celle de Robespierre n'était pas de moindre taille, si l'on en juge d'après son « catéchisme », écrit de sa main et retrouvé dans ses papiers, après son supplice :

> « Quel est le but ? — L'exécution de la Constitution en faveur du peuple.
> « Quels seront nos ennemis ? — Les hommes vicieux et les riches.
> « Quels moyens emploieront-ils ? — La calomnie et l'hypocrisie.
> « Quelles causes peuvent favoriser l'emploi de ces moyens ? — L'ignorance des sans-culottes.

« *Il faut donc éclairer le peuple. Mais quels sont les obstacles à l'instruction du peuple ? — Les écrivains mercenaires, qui l'égarent par des impostures journalières et impudentes.*

« *Que conclure de là ?* — « 1° *Qu'il faut proscrire les écrivains comme les plus dangereux ennemis de la patrie ;*

« 2° *qu'il faut répandre de bons écrits avec profusion.*

« *Quels sont les autres obstacles à l'établissement de la liberté ? — La guerre étrangère et la guerre civile.*

« *Quels sont les moyens de terminer la guerre étrangère ? — De mettre des généraux républicains à la tête de nos armées et de punir ceux qui nous ont trahis.*

« *Quels sont les moyens de terminer la guerre civile ?— De punir les traîtres et les conspirateurs, surtout les députés et les administrateurs coupables ; d'envoyer des troupes patriotes, sous des chefs patriotes, pour réduire les aristocrates de Lyon, de Marseille, de Toulon, de la Vendée, du Jura et de toutes les autres contrées où l'étendard de la rébellion et du royalisme a été arboré, et de faire des exemples terribles de tous les scélérats qui ont outragé la liberté et versé le sang des patriotes.*

« 1° *Proscription des écrivains perfides et contre-révolutionnaires ; propagation de bons écrits ;*

« 2° *punition des traîtres et des conspirateurs, surtout des députés et des administrateurs coupables ;*

« 3° *nomination de généraux patriotes ; destitution et punition des autres ;*

« 4° *subsistances et lois populaires.* »

Que devient la liberté dans tout cela ? Il est facile de l'imaginer. Quant à la fraternité, l'Incorruptible ne l'étendait pas aux écrivains indépendants. Les libelles et les feuilles publiques avaient largement contribué à soulever la tourmente révolutionnaire. Robespierre, à bon droit, redoutait celle-ci, qui devait l'emporter, à son tour, ainsi que ses amis.

Quant à la légende de Danton, qui a eu la vie assez dure, c'est à une conférence d'Albert Mathiez, historien passionné pour la Révolution, faite à Paris, au Grand Orient, le 21 mai 1927 et reproduite dans *Girondins et Montagnards*, qu'il faut recourir pour sa destruction définitive et sans réplique.

Voici la conclusion irréfutable de cette page d'Histoire :

> « *Pourquoi aurais-je été animé contre la mémoire de Danton ? A l'âge où je terminais mes études, on lui élevait des statues. J'ai appris l'histoire, comme vous, dans des livres qui le glorifiaient et ce n'est que peu à peu et que par un travail long et minutieux, que je me suis délivré du monceau d'erreurs qu'on m'avait inculquées. Personne ne croira que c'était là le bon moyen pour favoriser ma carrière que de m'engager dans les sentiers hérissés d'épines que j'ai dû gravir ; mais j'ai cru que la vérité avait des droits, je me suis mis résolument à son service dès que la lumière s'est faite dans mon esprit, et, ce soir, je vous ai dit ma conviction profonde, fondée sur vingt-cinq ans de travaux dont j'attends toujours la réfutation.*
>
> « *Robespierre et Saint-Just, et tous les contemporains ont bien jugé : ces hommes, dont Danton était le chef, n'étaient que des jouisseurs et des profiteurs sans scrupule, qui mettaient la Révolution et la France en coupe réglée. Ils auraient perdu la République et la Patrie s'ils avaient pu triompher des honnêtes gens.*
>
> « *Mais une dernière interrogation viendra peut-être, à l'esprit de quelques-uns d'entre vous ; comment se fait-il, me demanderont-ils, qu'à plus d'un siècle de distance ces jouisseurs sans conscience, si justement condamnés, dites-vous, aient pu tromper des écrivains consciencieux et de bons républicains ?*
>
> « *D'abord, ces écrivains, que j'ai nommés et qui, pour la plupart, n'étaient pas des érudits rompus aux méthodes scientifiques, ont été trompés par l'apparence rigoureuse du plaidoyer des fils de Danton, dont ils n'ont pas su vérifier les chiffres, ni contrôler les affirmations.*
>
> « *Ensuite, ils ont subi l'action personnelle d'un homme qui occupait au ministère de l'Instruction publique une haute*

situation, d'Arsène Danton, qui fut l'élève de Michelet à l'École normale, qui devint chef de cabinet de Villemain au ministère de Instruction publique, et finit sa carrière comme inspecteur général de l'Université sous Napoléon III. Très fier du nom qu'il portait et de sa parenté éloignée avec le grand tribun révolutionnaire, Arsène Danton mit au service de la réhabilitation une rare ténacité, très bien servie par sa situation au ministère de l'Instruction publique qui est en relation avec tous ceux qui tiennent une plume.

« *Enfin, l'école positiviste, par une étrange aberration, s'avisa de se choisir un précurseur dans le jouisseur débraillé des Cordeliers. Ah ! qu'il eût été bien surpris de se voir doté de cette progéniture intellectuelle ! L'école positiviste, à laquelle appartenaient le Dr. Robinet, Pierre Laffitte, Antonin Dubost, a exercé une considérable influence sur la formation de tous les hommes d'État qui ont fondé la troisième République et qui ont pris si souvent la parole dans cette salle.*

« *J'ajouterai encore qu'aux environs de 1880, les circonstances étaient favorables pour cette œuvre de réhabilitation. On sortait du 16 mai, de l'oppression cléricale, on se détachait de Robespierre, qui ne paraissait pas assez zélé contre la religion. On sortait aussi de la guerre de 1870, on n'avait retenu de Danton que les phrases à effet, d'un patriotisme truculent, on le voyait à, travers Gambetta. Enfin, on n'avait vaincu « l'ordre moral » qu'à l'aide de l'union de toutes les forces républicaines étroitement rassemblées ; Danton, qui ménagea et qui servit tous les partis, Danton qui tendait constamment la main aux Girondins, apparaissait comme le symbole de l'union républicaine indispensable à la victoire.*

« *Les historiens, qui sont des hommes, subissent la pression inconsciente des circonstances et du temps où ils vivent. Ils transposent dans le passé de fausses analogies, et cette faute est plus fréquente dans l'histoire de la Révolution que dans toute autre, car celle-ci excite davantage les passions des partis, qui vont y chercher des armes pour leurs polémiques.*

« *J'ai essayé, en abordant ce problème à mon tour, de m'abstraire de toute considération étrangère à la science. La politique n'a rien à voir avec l'histoire digne de ce nom. Ce n'est pas à la politique que l'histoire doit demander des inspirations ou des confirmations, c'est plutôt le contraire ; c'est l'homme politique, s'il est sincère, qui doit se mettre à l'école de l'historien.*

« *Un régime représentatif, comme le nôtre, un régime qui n'a de la démocratie que les apparences, ce régime où le peuple, une fois tous les quatre ans, met un bout de papier dans une urne, votant pour des hommes qui, le lendemain, le dédaignent, le méprisent et le trahissent, ce régime prétendu démocratique ne repose que sur l'honnêteté foncière, sur la conscience de ses élus. Si l'élu trahit les électeurs, tout croule. Le suffrage universel est bafoué, puisqu'il n'a pas encore su conquérir le référendum que nos voisins les Suisses pratiquent depuis un demi-siècle.*

« *Il n'y a pas, Mesdames et Messieurs, deux honnêtetés, une honnêteté privée négligeable et une honnêteté publique seule indispensable, il n'y en a qu'une. Et si, de l'histoire de Danton, se dégage une leçon, c'est celle-là, souvenez-vous-en. Peut-être n'était-il pas inutile de le rappeler par le temps qui court, mais vous en jugerez.*

« La politique, dit M. Albert Mathiez, n'a rien à voir avec l'Histoire digne de ce nom. Ce n'est pas à la politique que l'Histoire doit demander des inspirations ou des confirmations ; c'est plutôt l'homme politique, s'il est sincère, qui doit se mettre à l'école de l'historien. »

Ceci est juste en soi.

L'Histoire de la Révolution marque le début des Assemblées —Constituante, Législative et Convention— dans la suite des événements. L'élimination du roi et de ses conseils marque l'élimination de la continuité des desseins gouvernementaux, et l'entrée en scène de la lutte des partis dans la conduite des événements intérieurs ou extérieurs. Grave changement, auquel le Tiers n'était pas plus prêt que ne l'est aujourd'hui la classe ouvrière, qui, vu le suffrage universel et son nombre, prétend à l'hégémonie. Ce manque de préparation expérimentale a amené, après des querelles intestines dont les premiers éléments furent l'ambition personnelle et la cupidité, des scissions et déchirements, coupés de mouvements dictatoriaux, au bénéfice de tel ou tel.

L'historien expose les faits. Mais l'homme politique les explique et les interprète. Si le drame de Thermidor est resté si longtemps secret, c'est que le rôle des lois de Ventôse était méconnu et que les visées de Robespierre et de Saint-Just — qui étaient aussi celles de Barère — étaient passées sous silence.

De même, dans l'affaire de Valmy, favorable, comme celle de Jemmapes, aux armées révolutionnaires, il n'était pas tenu compte des progrès français de l'artillerie, réalisés par Gribeauval, ministre de Louis XVI et que les alliés n'avaient pas eu le temps de reconnaître et d'estimer à leur juste valeur. Cette supériorité technique allait se maintenir sous Bonaparte, officier d'artillerie, augmenté de vues d'un bon sens génial, en stratégie comme en tactique.

L'artillerie était à l'armée française, en 1789-1792, ce que l'aviation et le tank étaient à l'armée française de 1918.

Chose remarquable : Danton a depuis longtemps sa statue en bonne place, boulevard Saint-Germain, à Paris. Ni Robespierre ni Marat n'ont la leur.

C'est que la démocratie, forme assoupie de la Révolution, si elle n'a pas gardé les réflexes sanguinaires des six années maîtresses, a conservé la lutte des partis telle qu'elle fonctionna dès la Constituante, puis la Législative. Les Girondins étaient, de 1880 à 1910, devenus les opportunistes et les Montagnards s'étaient mués en radicaux.

L'anticatholicisme, l'anticléricalisme avaient subsisté (Ferry, Waldeck, Combes) et subsistent encore, à l'état de tisons sous la cendre des jours. La démocratie, la troisième République, n'est pas une rechute, mais c'est une réitération atténuée. Quant au socialisme et à la lutte de classes, dont nous avons pu apprécier, au point de vue national, les effets ce sont des lois des suspects (les riches) et des lois de Ventôse détrempées. Le programme d'enseignement de Condorcet a été repris par Herriot, dévot de la chère Révolution, et avec les mêmes arguments que ceux employés par Condorcet. Il n'est pas un point du programme de la grande révolution qui n'ait été repris par la démocratie contemporaine et la victoire de 1914-1918 n'a pas arrêté le mouvement.

Les derniers apologistes de la Terreur révolutionnaire assurent qu'elle a apporté la liberté au monde. Cette légende devient plaisante si l'on considère l'état actuel de l'Europe 150 ans après 1789. L'Allemagne, la Russie, l'Italie, la Hongrie sont en régime dictatorial. La démocratie parlementaire recule sur tous les points et l'affirmation de pandémocratie que portait naguère Ferrero, l'historien italien, apparaît comme une dérision. Chez nous-mêmes le parlementarisme est en complète déchéance comme le prouve l'établissement des décrets-lois, devenus rapidement pleins pouvoirs. Quand, en août 1914, les armées allemandes marchaient sur Paris, députés et sénateurs fuyaient à Bordeaux, « notre citadelle », disait le pleutre Hanotaux dans la *Petite Gironde*. Phrase comique et qui demeurera gravée sur sa tombe.

Ce que 1789 nous a incontestablement apporté, c'est l'aveuglement politique, l'erreur qui se paie le plus cher. Le romantisme est venu renforcer, sur ce point, la légende révolutionnaire, avec Hugo et Lamartine. Seul des trois grands du XIXe siècle, Baudelaire, vu son puissant esprit critique, a échappé à la contagion, sauf un moment, en 1848. Mais toute la tournure de son esprit, dans tous les domaines, était, par la suite, carrément réactionnaire.

L'erreur profonde des papes qui se rangèrent à la démocratie ou acceptèrent les principes démocratiques fut de ne pas voir, dans ceux-ci, la prolongation manifeste des principes révolutionnaires, ou de la nation la tête en bas. Les peuples succombent par les masses et la doctrine du nombre. Ils se relèvent par les élites et la qualité. Il n'y pas à sortir de là.

De la doctrine révolutionnaire est sorti le dogme du progrès, lequel, par voie de conséquence, a donné le dogme de la science toujours bienfaisante, qui a éclairé de son mensonge le XIXe siècle et le début du XXe. J'ai traité la question dans le *Stupide XIXe Siècle*, mais la guerre européenne et la découverte de l'emploi de l'aviation de bombardement lui donnent, à l'heure où j'écris, une terrible et nouvelle actualité. L'aviation de bombardement, qui n'est encore qu'à ses débuts, menace en effet les grandes agglomérations humaines, ce que Verhaeren appelait les villes tentaculaires, et, avec elles, les trésors artistiques et les vies précieuses qu'elles renferment. Comme nous l'a annoncé un esprit perspicace, Alphonse Séché, c'est grâce au progrès mécanique, physique et chimique que nous voici présentement devant la perspective des « guerres d'enfer » et qui, au lieu d'épargner les populations civiles, procéderaient implacablement à leur destruction.

Loin de libérer l'homme de sa servitude ancestrale vis-à-vis des masses qui le menacent et l'accablent et qui tiennent au déchaînement de ses pires instincts, la Révolution de 1789 a déifié ceux-ci et rivé la chaîne du fatum. À la loi morale des Évangiles elle a voulu substituer la loi physique qui ne tient compte que des appétits, et tenté de codifier ceux-ci dans des textes de loi dérisoires, garantis par une souveraineté populaire, laquelle n'est en somme qu'une illusion. À l'heure où j'écris, le régime des assemblées agonise, au milieu de discours pommelleux transmis, par le « progrès » de la radio, à l'univers et qui ne correspondent plus à rien. L'apogée de leur diffusion coïncide ainsi avec le maximum de leur inefficacité et ils n'ont pas plus le sens que le bruit du vent.

Ce qui reste de la Révolution de 1789, tant célébrée, tant vantée, en prose et en vers, c'est un charnier, c'est un spectacle d'épouvante et de bêtise dont l'humanité offre peu d'exemples et dont je n'ai pu tracer en quelques pages, qu'un tableau réduit.

Pour tâcher de sauver les débris d'un si hideux naufrage, les idéologues ont imaginé la distinction entre la démocratie et la démagogie, la première étant raisonnable et la seconde une déviation outrancière, distinction dont je veux ici dire quelques mots.

La démocratie, ce serait, comme l'étymologie l'indique, le pouvoir légitime du peuple et la démagogie ce serait son abus. Or, il n'y a aucune différence ici entre la première et la seconde, pas plus qu'il n'y a de différence entre 1789 et 1793. La démocratie, c'est la démagogie nantie, repue, et qui digère ses rapines aux accents de la *Marseillaise* en gorgeant de faveurs et de prébendes ceux qu'elle estime l'avoir bien servie :

« *Passionnément républicain* », messieurs, nous disait à la Chambre le nanti et faussement assagi Aristide Briand, à qui je répliquai, d'une voix retentissante : « je te crois ! » Gambetta est parti de la démagogie et du programme de Belleville pour aboutir à la considération de la bonne société et aux salons huppés. C'est l'éternelle ascension par l'escabeau plébéien que l'on rejette aussitôt d'un coup de savate, récemment vernie en escarpin. Sans doute il y a l'exception des illuminés comme Jaurès. Mais elle ne fait que confirmer la règle. Il y a aussi celle des paradoxaux, comme Blanqui, poursuivant avec héroïsme, au prix de leur liberté, une chimère en raison de l'impossibilité de l'atteindre et qui se détacheraient d'elle au moment où ils la croiraient réalisable.

Le démocrate ne dupe pas le peuple par d'autres moyens que le démagogue.

Son langage est moins brutal, mais ses arguments, plus hypocrites, sont les mêmes et il adore les mêmes idoles.

Ses moyens de parvenir sont aussi bas. Comme le démagogue, le démocrate ne vit que pour soi, tel le Gnathon de Labruyère, en faisant croire à la foule des déshérités qu'il vit pour elle et ses revendications. L'ignoble farce n'a pas varié depuis Aristophane.

Un fait résume tout : la troisième République, qui a valu à la France, par son incurie militaire, une nouvelle invasion d'une durée de quatre ans, a choisi, comme fête nationale, le 14 juillet, début de la barbarie révolutionnaire, et, en fait, de la Terreur.

Il résulte de là que le titre de démocrate chrétien est une insanité, puisque la démocratie, c'est-à-dire la Révolution, est l'irréductible ennemie du christianisme dont elle a poursuivi, en France, l'abolition par le clergé assermenté.

CHAPITRE IX

Genèse et formation d'une idole

*B*onaparte est le fils de la Révolution, et l'idolâtrie qui s'attacha à sa personne prit la suite de celle qui s'attacha à la Révolution. Pour lui, comme pour elle, les historiens et apologistes n'ont pas voulu voir la vérité à la simple lumière du bon sens. Il disait d'eux, car le jugement de la postérité le préoccupait :

« Quand ils voudront être beaux, ils me loueront. »

Je me résoudrai donc à n'être pas beau, car dans les pages qui vont suivre je ne compte pas le louer.

Les circonstances de la vie m'ont fait passer ma jeunesse au milieu des admirateurs de ce monstre (au sens latin du mot), doué d'une ambition sans limites et pour le jeu duquel les humains n'étaient que des pions rangés en bataille. Frédéric Masson, d'abord, qui ne l'appelait que « Sa Majesté l'Empereur et Roi », et qui vivait, dans sa maison de la rue de la Baume, au milieu de ses représentations par la peinture, la statuaire, l'imagerie et des estampes et souvenirs, ainsi que par les portraits de Joséphine, de Marie Louise et des maîtresses.

Excellent homme, érudit, laborieux, sarcastique, académique, ronchonneux comme un de la vieille garde et quinteux, Masson a écrit sur Napoléon et ses femmes, sur Sainte Hélène et le reste des ouvrages curieux, pleins de détails pittoresques, mais qui sont ceux d'un dévot devant son fétiche.

Or, Joséphine n'existe que comme preuve du manque d'observation de Bonaparte quand le désir le tenait pour de bon. Qu'il eût plaisir à coucher avec elle, à jouir du brillant de sa peau, tant usée et frottée à d'autres, de sa sentimentalité vulgaire, de ses caresses langoureuses et de ses regards chargés du ciel des îles, cela n'a rien de surprenant, mais prouve un fond de grossièreté naturelle, mêlé du collégien et du corps de garde, qui lui servait de code de l'amour. C'était un mufle et, en toutes occasions, il se montra tel, notamment quand il exigea de Marie Walewska qu'à la persuasion des notables polonais elle se donnât à lui *rapido presto*, sans qu'elle en eût la moindre envie.

Notamment encore quand, venant à la rencontre de sa ravissante et fraîche fiancée Marie Louise, il la prit comme une bonne d'auberge et s'en vanta. Il se trouvait manifestement parfait en tout et était assez fier de son physique, d'ailleurs curieux et à part (sa sœur Pauline, immortalisée par le ciseau de Canova, était une véritable merveille, et dont toute imagination de jeune homme a rêvé.) Il se lavait, se baignait et se frottait à l'eau de Cologne. Son vêtement, redingote grise, petit chapeau, pantalon de casimir blanc, qui le distinguait des chamarrures, était une trouvaille et qui a popularisé sa silhouette.

Après Masson, Albert Vandal, long et mince comme une épingle à chapeau, clignotait d'extase pour Bonaparte. Il s'était spécialisé dans le coup d'État de brumaire, ayant accumulé, sur cette journée célèbre, tous les renseignements possibles ainsi que sur le rôle de Lucien. Ses ouvrages écrits dans la langue terne, correcte, fluente, qui est d'usage sous la coupole, obtenaient l'adhésion des salons encore parfumés de napoléonisme et ornés de dessins de Raffet et de figures du grand homme au pont d'Arcole, à la Malmaison, en Égypte ou ailleurs, partout où il avait porté, avec nos armes, sa dévorante activité.

Henry Houssaye enfin, avec sa grande barbe, qu'il caressait en célébrant son cher « tondu » et le désastre de Waterloo, qu'il avait raconté avec emphase et comme s'il se fût agi d'une victoire. Hougoumont, la Haie sainte, l'aigle navet géant de Jérôme, tout cela, dans la tête faible du fils d'Arsène aux redoutes, se mêlait aux vapeurs du champagne...

« Vous l'avez connu, grand-père, vous l'avez connu ? »

Enfin, il y avait le bon Coppée :

« Oui, certainement, le grand Empereur... »

Et le cher auteur de *Severo Torelli* levait les bras au ciel, extasié, et ses yeux s'humectaient.

Alphonse Daudet, lui aussi, s'intéressait violemment à Napoléon, surtout depuis l'apparition des *Mémoires* de Marbot, lisait et me faisait lire ce qui se publiait d'à peu près nouveau sur son compte, mais usait, sans le dénigrer, de plus de discernement. Entre les divers aspects de Bonaparte, deux surtout le frappaient : Napoléon homme du Midi, et Napoléon homme de lettres. Il insistait plus sur le second caractère que sur le premier et, à mon avis, avec raison.

Le don du récit et celui de l'allocution emphatique sont très remarquables chez Bonaparte. Emphatique, mais concentrée. Dans ses lettres passionnées à Joséphine, comme dans ses proclamations, comme dans ses épîtres comminatoires à Fouché et à ses préfets, comme dans ses adieux de Fontainebleau, comme dans certaines pages du *Mémorial*, il y a ici un élan et un don de clarté, là une irritation impérative, partout une vivacité et une brièveté qui n'appartiennent qu'à lui.

Imperatoria brevitas, disait Coppée. Déjà sous le Consulat, avec plus d'accentuation sous l'Empire, il donnait l'impression d'un maître de sa parole, de sa plume et de sa décision. Mais quant à la décision, elle parait avoir été chez lui dans le même rapport que l'inspiration pulmonaire à l'expiration, et il a hésité ses maladresses, ses cruautés et ses folies en raison même de la vigueur avec laquelle il se les représentait.

De nombreuses lettres sont sur le type de celle-ci à Joséphine (2), lettre publiée par Stendhal (*Promenades dans Rome*.)

À Joséphine

> *Port Maurice,*
> *14 germinal an IV*
> *(3 avril 1796.)*

J'ai reçu toutes tes lettres, mais aucune n'a fait sur moi l'impression de ta dernière. Y penses-tu, mon adorable amie, de m'écrire en ces termes ? Crois-tu donc que ma position n'est pas déjà assez cruelle, sans encore accroître mes regrets et bouleverser mon âme ? Quel style ! Quels sentiments que ceux que tu peins ! Ils sont de jeu ; ils brûlent mon pauvre cœur. Mon unique Joséphine, loin de toi il n'est pas de gaieté ; loin de toi le monde est un désert où je reste isolé et sans éprouver la douceur de m'épancher. Tu m'as ôté plus que mon âme ; tu es l'unique pensée de ma vie. Si je suis ennuyé du tracas des affaires, si j'en crains l'issue, si les hommes me dégoûtent, si je suis prêt à maudire la vie, je mets la main sur mon cœur : ton portrait y bat, je le regarde, et l'amour est pour moi le bonheur absolu et tout est riant, hors le temps que je me vois absent de mon amie.

Par quel art as-tu su captiver toutes mes facultés, concentrer en toi mon existence morale ? C'est une agonie, ma douce amie, qui ne finira qu'avec moi. Vivre pour Joséphine, voilà l'histoire de ma vie. J'agis pour arriver près de toi ; je me meurs pour t'approcher. Insensé ! je ne m'aperçois pas que je m'en éloigne. Que de pays, que de contrées nous séparent ! Que de temps avant que tu lises ces caractères, faibles expressions d'une âme où tu règnes ! Ah ! mon adorable femme ! je ne sait quel sort m'attend ; mais s'il m'éloigne plus longtemps de toi, il me serait

---

2. — Ces textes et les suivants sont extraits du recueil publié, sous ce titre, *Napoléon*, par le *Mercure de France* (1938) avec une notice de J. G. Prod'homme.

insupportable ; mon courage ne va pas jusque là. Il fut un temps où je m'enorgueillissais de mon courage, et quelquefois, en jetant les yeux sur le mal que pourraient me faire les hommes, sur le sort que pourrait me réserver le destin, je fixais les malheurs les plus inouïs sans froncer le sourcil, sans me sentir étonné. Mais aujourd'hui, l'idée que ma Joséphine peut être malade, et surtout la cruelle, la funeste pensée qu'elle pourrait m'aimer moins, flétrit mon âme, arrête mon sang, me rend triste, abattu, ne me laisse pas même le courage de la fureur et du désespoir. Je me disais souvent jadis : les hommes ne peuvent rien à celui qui meurt sans regret ; mais aujourd'hui, mourir sans être aimé de toi, mourir sans cette certitude, c'est le tourment de l'enfer, c'est l'image vive et frappante de l'anéantissement absolu. Il me semble que je me sens étouffé. Mon unique compagne, toi que le sort a destiné pour faire avec moi le voyage pénible de la vie, le jour où je n'aurai plus ton cœur sera celui où la nature sera pour moi sans chaleur et sans végétation... Je m'arrête, ma douce amie ; mon âme est triste, mon corps est fatigué, mon esprit est alourdi ; les hommes m'ennuient. Je devrais bien les détester, ils m'éloignent de mon cœur.

Je suis à Port Maurice, près Oneille ; demain, je suis a Albenga. Les deux armées se remuent ; nous cherchons à nous tromper. Au plus habile la victoire. Je suis assez content de Beaulieu, il manœuvre bien ; il est plus fort que son prédécesseur. Je le battrai, j'espère de la belle manière. Sois sans inquiétude ; aime moi comme tes yeux ; mais, ce n'est pas assez, comme toi, plus que toi, que ta pensée, ton esprit, ta vie, ton tout. Douce amie, pardonne moi, je délire ; la nature est faible pour qui sent vivement, pour celui que tu animes.

À Barras, Sucy, Mme Tallien, amitié sincère ; à Mme Château Renard, civilités d'usage ; à Eugène et Hortense, amour vrai.

Et la suite :

*Albenga,
16 germinal an VIII
(5 avril 1796.)*

Il est une heure après minuit, l'on m'apporte une lettre ; elle est triste, mon âme est affectée, c'est la mort de Chauvet. Il était commissaire ordonnateur en chef de l'armée ; tu l'as vu chez Barras. Quelquefois, mon amie, je sens le besoin d'être consolé ; c'est en t'écrivant à toi seule, dont la pensée peut tant influer sur la situation morale de mes idées, à qui il faut que j'épanche mes peines. Qu'est-ce que l'avenir ? qu'est-ce que le passé ? qu'est-ce que nous ? quel fluide magique nous environne et nous cache les choses qu'il nous importe le plus de connaître ? Nous naissons, nous vivons, nous mourons au milieu du merveilleux. Est-il étonnant que les prêtres, les astrologues, les charlatans, aient profité de ce penchant, de cette circonstance singulière, pour promener nos idées et la diriger au gré de leurs passions ? Chauvet est mort ; il m'était attaché, il eût rendu à la Patrie les services essentiels. Son dernier mot a été qu'il partait pour me joindre. Mais oui ; je vois son ombre, il erre donc là, partout, il siffle dans l'air ; son âme est dans les nuages, il sera propice à mon destin. Mais, insensé, je verse des pleurs sur l'amitié, et qui me dit que déjà je n'en aie à verser d'irréparables ? Âme de mon existence, écris moi tous les courriers, je ne saurais vivre autrement ! Je suis ici très occupé ; Beaulieu remue son armée, nous sommes en présence. Je suis un peu fatigué, je suis tous les soirs à cheval. Adieu adieu, adieu ; je vais dormir, à toi ; le sommeil me console, il te place à mes côtés, je te serre dans mes bras. Mais au réveil, hélas ! je me trouve à trois cents lieues de toi.

Bien des choses à Barras, à Tallien, et à sa femme.

Voici une lettre d'un autre ton, plus brève, où apparaissent le don et le goût du commandement civil :

À Fouché, ministre de la police,
Fontainebleau, 5 novembre 1807.

Monsieur Fouché, depuis quinze jours, il me revient, de votre part, des folies (Fouché répandait le bruit d'un divorce prochain entre Napoléon et Joséphine.) *Il est temps que vous y mettiez un terme et que vous cessiez de vous mêler, directement et indirectement, d'une chose qui ne saurait vous regarder d'aucune manière. Telle est ma volonté.*

Un troisième ton que voici, reviendra souvent, comme une justification, au nom de la Liberté (?), de toute la période ascensionnelle de Bonaparte.

Allocution au Directoire

Paris, 20 frimaire an VI
(10 décembre 1797.)

Le peuple français, pour être libre, avait les rois à combattre.

Pour obtenir une constitution fondée sur la raison, il avait dix huit siècles de préjugés à vaincre.

La Constitution de l'an III, et vous, vous avez triomphé de tous ces obstacles.

La religion, la féodalité et le royalisme ont successivement, depuis vingt siècles, gouverné l'Europe ; mais de la paix que vous venez de conclure, date l'ère des gouvernements représentatifs.

Vous êtes parvenus à, organiser la grande nation dont le vaste territoire n'est circonscrit, que parce que la nature en a posé elle-même les limites.

Vous avez fait plus.

Les deux plus belles parties de l'Europe, jadis si célèbres par les arts, les sciences et les grands hommes dont elles furent le berceau, voient avec les plus grandes espérances le génie de la liberté sortir des tombeaux de leurs ancêtres.

Ce sont deux piédestaux — affreux ces « piédestaux » — *sur lesquels les destinées vont placer deux puissantes nations.*

> *J'ai l'honneur de vous remettre le traité signé à Campo Formio, et ratifié par S. M. l'Empereur.*
>
> *La paix assure la liberté, la prospérité et la gloire de la République.*
>
> *Lorsque le bonheur du peuple français sera assis sur les meilleures lois organiques, l'Europe entière deviendra libre.*

De ces trois tons, le premier est sincèrement amoureux et prouve une grande naïveté et l'ignorance où était Bonaparte du véritable caractère de Joséphine, rouée du Directoire, chauffée au soleil des tropiques. Le deuxième ton est celui du maître à un sous ordre méprisé et dont il se méfie. Le troisième enfin est déjà officiel et, par la suite, deviendra comique. Car l'ambition, dans sa démesure, et augmentée par le succès, gagne aisément ln zone burlesque, toujours voisine de la zone tragique. C'est ce que Rabelais a bien exprimé au chapitre pantagruélique des conseillers de Picrochole en fait Charles Quint.

De la raillerie appliquée à ma personne, Bonaparte ne se doute pas et c'est ce qui donne au *Mémorial* un accent tout particulier, lui, il importe que ses multiples erreurs et gaffes aient été prévues et voulues par lui et qu'il n'ait péché, au long de sa carrière bouillonnante, que par excès de mansuétude. Un *Mémorial* n'est intéressant que si son auteur dit de lui-même à l'occasion :

> « Je reconnais m'être amèrement trompé, voici comment et voici pourquoi. »

Bonaparte aimait éperdument son rêve imaginatif, dont l'ombre s'allongeait toujours devant lui, le fascinant, lui le fascinateur Il disait :

> « Mon imagination est morte à Saint Jean d'Acre. »

Non seulement à Saint Jean d'Acre, mais à chaque tournant de sa fabuleuse et médiocre existence quoi qu'en aient pensé ses zélateurs il naissait et mourait continuellement en lui une image de réussite totale, une sorte d'éblouissant, et de plus en plus éblouissant soleil.

Pourquoi « fabuleuse » ? Par sa promptitude. La Parque tira pour lui son fil, dans un sens, puis dans l'autre, à toute vitesse, accumulant les banco, puis les ratés. Pourquoi « médiocre » ? Parce que tournée invariablement vers soi même, vers sa personnalité dévorante et les siens. Il eut, ce conquérant aux visées illimitées, la manie du *moi* et c'est ce qui nous fait rire à distance, d'un rire seulement limité par la pyramide de cadavres amoncelés, pour quel objet ; on l'a dit bien souvent : la politique se juge au résultat. Quel fut il ? Trafalgar et Waterloo.

Comment les contemporains purent ils garder leur sérieux devant les premières proclamations de Bonaparte, faites sur ce ton grandiloquent, qui lui venait de la Révolution, par dessus les épouvantes de la Terreur et les folies du Directoire ?

Les hommes d'esprit avaient-ils donc disparu de chez nous ?

On le croirait en lisant cet appel daté de Toulon, le 21 floréal an VI (10 mai 1798) aux soldats de Terre et de Mer de l'armée de la Méditerranée :

> *Soldats ! Vous êtes une des ailes de L'armée d'Angleterre ; vous avez fait la guerre des montagnes, des plaines et des sièges : il vous reste à faire la guerre maritime.*
>
> *Les légions romaines, que vous avez quelquefois imitées, mais pas encore égalées, combattaient Carthage tour et tour, sur cette même mer et aux plaines de Zama.*
>
> *La victoire ne les abandonna jamais, parce que constamment elles furent braves, patientes à supporter la fatigue, disciplinées et unies entre elles.*
>
> *Soldats, l'Europe a les yeux sur vous.*
>
> *Vous avez de grandes destinées à livrer, des dangers, des fatigues à vaincre. Vous ferez plus que vous n'avez fait pour la prospérité de la Patrie, le bonheur des hommes et votre propre gloire.*
>
> *Soldats matelots, fantassins, canonniers ou cavaliers, soyez unis ; souvenez-vous que, le jour d'une bataille, vous avez besoin les uns des autres.*

Soldats matelots, vous avez été jusqu'ici négligés. Aujourd'hui la plus grande sollicitude de la République est pour vous. Vous serez dignes de l'armée dont vous faites partie.

Le génie de la liberté, qui a rendu la République, dès sa naissance, l'arbitre de l'Europe, veut qu'elle le soit des mers et des contrées les plus lointaines.

Officiers et soldats, il y a deux ans que je vins vous commander ; à cette époque vous étiez dans la rivière de Gênes, dans la plus grande misère, manquant de tout, ayant sacrifié jusqu'à vos montres pour votre subsistance ; je vous promis de faire cesser vos misères, je vous conduisis en Italie ; là, tout vous fut accordé... Ne vous ai-je pas tenu parole ? Eh ! bien, apprenez que vous n'avez point encore assez fait pour la Patrie, et que la Patrie n'a point encore assez fait pour vous. Je vais actuellement vous mener dans un pays où par vos exploits futurs vous surpasserez ceux qui étonnent aujourd'hui vos admirateurs, vous rendrez à la Patrie des services qu'elle a droit d'attendre d'une armée d'invincibles.

Je promets à chaque soldat qu'au retour de cette expédition, il aura à sa disposition de quoi acheter six arpents de terre. Vous allez courir de nouveaux dangers ; vous les partagerez avec vos frères les marins. Cette arme jusqu'ici ne s'est pas rendue redoutable à nos ennemis ; leurs exploits n'ont point égalé les vôtres ; les occasions leur ont manqué ; mais le courage des marins est égal au vôtre : Leur volonté est celle de triompher ; ils y parviendront avec vous. Communiquez leur cet esprit invincible qui partout vous rendit victorieux ; secondez leurs efforts ; vivez à bord avec cette intelligence qui caractérise les hommes purement animés et voués au bien de la même cause : ils ont, comme vous, acquis des droits à la reconnaissance nationale dans l'art difficile de la marine. Habituez-vous aux manœuvres de bord ; devenez la terreur de vos ennemis de terre et de mer ; imitez en cela les soldats romains, qui surent à la loi battre Carthage en plaine et les Carthaginois sur leurs flottes.

Bonaparte.

Cet « ayant sacrifié jusqu'à vos montres pour votre subsistance » eût, en d'autres temps, soulevé une hilarité inextinguible. Cependant il enflamma les âmes et, vu le détraquement des esprits, apparut comme le comble du beau dans le miroir de la liberté. Quelle liberté ? Voilà ce qu'il eût fallu savoir, mais le petit capitaine corse eût été bien incapable de définir cette jeune déesse nouvelle, dont il allait s'affirmer le lévite et le propagateur, en versant des torrents de sang français :

> « Le génie de la liberté qui a rendu la République, dès sa naissance, l'arbitre de l'Europe, veut qu'elle le soit des mers et des contrées les plus lointaines. »

Sous mille formes, en mille circonstances, Bonaparte, grisé par la fortune et se sentant devenu un dieu, va reprendre ce thème par lequel il prélude à son despotisme, abusant ainsi de la naïveté de ses concitoyens, auxquels la Révolution a tourneboulé la cervelle.

> « Ayez pour les cérémonies que prescrit l'Alcoran, pour les mosquées, la même tolérance ! Que vous avez eu pour les couvents, pour les synagogues, pour la religion de Moïse et de Jésus-Christ. »

De 1789 à 1795 les exemples de cette mansuétude ne manquent pas. Elle dissimulait, et bien mal, un mépris foncier pour la religion et ses préoccupations spirituelles que commande le *non occides*. La religion aux yeux de cet homme sans pitié, et pour qui l'humanité n'était qu'un mot, demeurait, quant au chef, quant à l'élu de la fortune, une commodité sociale, un cabotinage supérieur.

La suite des événements devait le démontrer.

Comme beaucoup de gens ici bas, Bonaparte ne croyait qu'à ce qu'il voyait et n'admettait pas que « l'espace invisible fût peuplé d'âmes et de démons. » « Si Dieu existait, je le verrais », répétait, Clemenceau, et tous les esprits tyranniques sont généralement de cet avis.

Bonaparte vit par cycles, aime par cycles, ordonne par cycles, définit par cycles et se repose d'un ordre dans un autre. Pour mieux nous en rendre compte reprenons la ritournelle Joséphine, en deux parties à quelques jours de distance :

À Joséphine

Cadiero, 23 brumaire an V
(13 novembre 1796.)

Je ne t'aime plus du tout ; au contraire, je te déteste. Tu es une vilaine, bien gauche, bien bête, bien cendrillon. Tu ne m'écris pas du tout, tu n'aimes pas ton mari ; tu sais le plaisir que tes lettres lui font, et tu ne lui écris pas six lignes jetées au hasard ! Que faites-vous donc toute la journée, madame ? Quelle affaire si importante vous ôte le temps d'écrire à votre bien bon amant ? Quelle affection étouffe et met de côté l'amour, le tendre et constant amour que vous lui avez promis ? Quel peut être ce merveilleux, ce nouvel amant qui absorbe tous vos instants, tyrannise vos journées et vous empêche de vous occuper de votre mari ? Joséphine, prenez y garde, une belle nuit les portes enfoncées, et me voilà. En vérité, je suis inquiet, ma bonne amie, de ne pas recevoir de tes nouvelles ; écris-moi vite quatre pages, et de ces aimables choses qui remplissent mon cœur de sentiment et de plaisir. J'espère qu'avant peu je te serrerai dans mes bras, et je te couvrirai d'un million de baisers brûlants comme sous l'Équateur.

Vérone, 29 brumaire an V
(19 novembre 1796.)

Enfin, mon adorable Joséphine, je renais ; la mort n'est plus devant mes yeux. Et la gloire et l'honneur sont encore dans mon cœur : l'ennemi est battu à Arcole. Demain, nous réparerons la sottise de Vaubois qui a abandonné Rivoli. Mantoue, dans huit jours, sera à nous, et je pourrai bientôt dans tes bras te donner mille preuves de l'ardent amour de ton mari. Dès l'instant que je le pourrai, je me rendrai à Milan ; je suis un peu fatigué.

J'ai reçu une lettre d'Eugène et d'Hortense ; ces enfants sont charmants.

Comme toute ma maison est un peu dispersée, du moment que tout m'aura rejoint, je te les enverrai.

Nous avons fait cinq mille prisonniers et tué au moins six mille hommes aux ennemis ; adieu, mon adorable Joséphine ; pense à moi souvent. Si tu cessais d'aimer ton Achille, ou si ton cœur se refroidissait pour lui, tu serais bien affreuse, bien injuste.

On remarquera la netteté des réflexes amoureux de l'absence, et le dessin, ici et là accentué, des souvenirs érotiques. À cette époque initiale de la gloire, aucune confusion mentale, aucun chevauchement.

Vérone, 1ᵉʳ frimaire
(21 novembre 1796.)

Je vais me coucher, ma petite Joséphine, le cœur plein de ton adorable image, et navré de douleur de rester tant de temps loin de toi ; mais j'espère que dans quelques jours je serais plus heureux, et que je pourrais à mon aise te donner les preuves de l'amour ardent que tu m'as inspiré... Tu ne m'écris plus, tu ne penses plus à ton bon ami, cruelle femme ! Ne sais-tu pas que sans toi, sans ton cœur, ton amour, il n'est pour ton mari ni repos, ni bonheur, ni vie. Bon Dieu, que je serais heureux si je pouvais assister à l'aimable toilette ; une petite épaule, un petit sein blanc, élastique, bien ferme, par-dessus cela une petite mine avec le mouchoir à la créole à croquer. Tu sais bien que je n'oublie pas les petites visites, tu sais bien la petite forêt noire. Je lui donne mille baisers et j'attends avec impatience le moment d'y être. Tout à toi ; la vie, le bonheur, les plaisirs ne sont que ce que tu les fais. Vivre dans une Joséphine, c'est vivre dans l'Élysée. Baisers à la bouche, aux yeux, sur l'épaule, au sein, partout, partout !

(L'Intermédiaire des chercheurs et des curieux, *10 décembre 1906.*)

Mais le bon républicain, le chanteur de la *Marseillaise*, pour l'anniversaire d'une belle journée, va reprendre la place de l'amant enfiévré. Il s'agit de retrouver le bonheur perdu, ce qui n'a jamais été une petite affaire ; soldats, je suis content de vous et je le serai plus encore :

À l'Armée

*Milan, 26 messidor an V
(14 juillet 1797.)*

Soldats, c'est aujourd'hui l'anniversaire du 14 juillet. Vous voyez devant vous les noms de nos compagnons d'armes morts au champ d'honneur pour la liberté de la Patrie ; ils vous ont donné l'exemple. Vous vous devez tout entiers à la République ; vous vous devez tout entiers au bonheur de trente millions de Français ; vous vous devez tout entiers à la gloire de ce nom qui a reçu un nouvel éclat par vos victoires.

Soldats, je sais que vous êtes profondément affectés des malheurs qui menacent la Patrie ; mais la Patrie ne peut courir de dangers réels. Les mêmes hommes qui l'ont fait triompher de l'Europe coalisée sont là. Des montagnes nous séparent de la France ; vous les franchiriez avec la rapidité de l'aigle, s'il le fallait, pour maintenir la Constitution, défendre la liberté, protéger le gouvernement et les républicains.

Soldats, le gouvernement veille sur le dépôt des lois qui lui est confié. Les royalistes, dès l'instant qu'ils se montreront, auront vécu. Soyez sans inquiétude, et jurons par les mânes des héros qui sont morts à côté de nous pour la liberté, jurons sur nos nouveaux drapeaux :

Guerre implacable aux ennemis de la République et de la Constitution de l'An III !

Au lendemain exactement du 18 brumaire, un peu de philosophie politique ne messied pas, et Bonaparte y va de son couplet pour la presse sur l'alternance, en temps trouble, de la Révolution sacro-sainte et de la méchante réaction. Là intervient le côté prudhommesque de ce Tartufe, avec une série d'axiomes particulièrement réjouissants dans la bouche de celui qui se fout, jusqu'au dernier gouffre en profondeur, de la Justice, de la Liberté, de la Charité. Il se croit éperdument capable de surmonter tous les obstacles de la morale privée et publique ainsi que de la simple humanité. L'orgueil le remplit jusqu'au bord et son honneur personnel — en fait simple intérêt personnel — reflète, telle une boule de jardin, l'honneur de l'humanité tout entière. Songez donc, on a voulu l'assassiner ! Et c'eût été assassiner non seulement la République, mais la France :

Article rédigé par Bonaparte
pour les journaux

Palais du Luxembourg, 19 brumaire an VIII
(10 novembre 1799), à minuit

Le cercle des révolutions diverses dont se compose l'ensemble de notre Révolution présente une telle succession d'événements, presque toujours accompagnés de réactions, qu'il semble désormais établi que toute action suppose réaction et que déjà même on se hasarde à prononcer ce mot funeste. On conçoit bien mal alors la journée du 18 brumaire ; on en dénature le caractère ; on méconnaît l'empire des temps auxquels enfin nous sommes arrivés.

Que, durant la tourmente révolutionnaire, on ait agi et réagi aussitôt, c'est ce qu'il est facile d'expliquer ; il n'existait pas d'accord entre les idées et les institutions ; et tout, dans le monde politique comme dans le monde physique, est soumis à cette loi de la nature, qui veut que les événements se balancent et s'équilibrent mutuellement Cet équilibre une fois rompu, il n'y a plus que choc, déchirement et chaos, jusqu'à ce que les deux bassins de la balance, se pondérant également, reprennent leur assiette. Ainsi, depuis 89 jusqu'à 92, les idées et les institutions ne se balançant plus, n'étant plus de niveau, nous avons vu l'action et la réaction constante de la liberté contre le despotisme, et du despotisme contre la liberté, de l'égalité contre le privilège, et du privilège contre l'égalité.

La déclaration royale du 23 juin fut la réaction de la réunion des trois ordres ; la nuit du 4 août fut la réaction du 23 juin. Le triomphe des nouvelles idées sur les vieilles institutions fut enfin décidé par le 10 août ; mais les vieilles idées luttèrent à leur tour contre les institutions nouvelles. Si des âmes généreuses s'étaient élevées jusqu'à la pensée de la République, elles laissaient toutefois, bien loin derrière elles, des esprits tardifs ou indociles ; et des souvenirs, des sentiments, des préjugés monarchiques ce réinterposèrent entre le gouvernement nouveau et le gouvernement passé. On agit et on réagit donc encore ; et l'action, comme la réaction, prenant un caractère d'autant plus violent que les passions étaient plus exaspérées, tous deux exercèrent à la fois leur force contre les idées et contre les personnes. Contre les personnes plus de garantie pour la sûreté individuelle ; on vit la vengeance punie par la vengeance, le crime par le crime. Contre l'idée, plus de principe sans atteinte.

Napoléon était-il craintifs ? A-t-il eu peur ?

De nombreux faits portent à le croire. Cependant, à certaines heures, il a risqué le tout pour le tout, avec une sorte de détachement, alors qu'il envisageait froidement — Octave Aubry a raconté comment il avait tenté de se suicider.

Ne quittons pas le 18 brumaire où il eut si chaud et où, privé de Lucien, il aurait ou encore plus chaud sans citer cette petite proclamation, en vérité assez moche :

À L'ARMÉE

Quartier général Paris, 18 brumaire an VIII
(9 novembre 1799.)

Le décret extraordinaire du Conseil des Anciens est conforme aux articles 102 et 103 de l'acte constitutionnel. Il m'a remis le commandement de la ville et de l'armée.

Je l'ai accepté pour seconder les mesures qu'il va et qui sont tout entières en faveur du peuple.

La République est mal gouvernée depuis deux ans. Vous avez espéré que mon retour mettrait un terme à tant de maux ; vous l'avez célébré avec une union qui m'impose des obligations que je remplis ; vous les vôtres et vous seconderez votre général avec l'énergie, la fermeté et la confiance que j'ai toujours vue en vous.

La liberté, la victoire et la paix replaceront la République française au rang qu'elle occupait en Europe, et que l'ineptie ou la trahison a pu seule lui faire perdre.

Vive la République !

BONAPARTE.

L'armée était l'instrument de l'ambition de Bonaparte et tout son jugement s'était réfugié dans l'art militaire, où il innovait avec une sage hardiesse, alors qu'en politique, il se laissait entraîner par des conceptions orientales et démesurées. Forcé alors, par la nécessité, à revenir aux limites de l'Occident, il rétrogradait sans joie et avec une certaine amertume. Cela, comme nous le verrons, à plusieurs reprises. Vanter la liberté, mot talisman, d'une façon vague, car, en précisant, on risquerait de faire une gaffe irréparable. Affirmer, en même temps, la nécessité de la discipline, et d'une discipline tendant à l'extrême. Ne pas se taire, car le 9 thermidor a montré, avec le cas de Robespierre, que lorsqu'on se tait on est submergé. Craindre et fuir la pompe, qui est génératrice d'envie, contraire à la liberté, et cependant la rechercher. Telles sont les contradictions au milieu desquelles se débat ce jeune chef sur qui tout le monde a les yeux, dans les salons comme aux camps et qui en fait cherche encore sa voie, alors, qu'elle paraît déjà triomphale.

Fils de la Révolution on sent qu'il voudrait en finir avec elle avant que, tel Saturne, elle l'ait dévoré, et le souvenir de Robespierre, sur sa charrette, hante ses nuits, en même temps que le corps souple et gracieux de Joséphine absente. Mais, pour en finir avec la Révolution il faudrait être le maître absolu, avec des corps constitués à sa dévotion, des collègues civils obéissants et qui ne changent pas tout le temps de plan comme Sieyès, une Cour de réconciliation nationale. Il faudrait recoller la tête coupée du bon roi Louis XVI — *che coglione !* — se réfugiant, sous les huées, à l'Assemblée Législative pour y chercher du secours... alors qu'il avait de l'artillerie.

Le mois de décembre 1799 est particulièrement chargé. Le 18 décembre, il écrit au général Kléber, commandant en chef l'Armée d'Orient :

Paris, 27 frimaire an VIII
(18 décembre 1799.)

Je vous ai expédié, Citoyen Général, plusieurs bâtiments ; j'espère qu'ils auront eu l'adresse de parvenir jusqu'à vous et de vous porter des nouvelles de France, dont vous devez être bien avide.

Je vous expédie un officier de l'état major de Paris qui est au fait de tous les événements qui se sont passés. Vous verrez qu'il était temps que j'arrivasse en France. Les événements qui viennent d'avoir lieu doivent être, pour vos soldats, de nouveaux motifs d'encouragement. Faites leur connaître qu'il ne se passe pas un jour où je ne m'occupe de tout ce qui peut influer sur leur sort, et qu'il sera bien doux pour moi celui où, comme premier magistrat de la République, je pourrai décerner des récompenses à des hommes qui ont tant de droits à mon affection.

Je n'ose rien vous écrire, même en chiffres, parce qu'à Paris et à Londres, on a des hommes qui déchiffrent tout ; mais soyez bien persuadé que je ne vous perds pas de vue.

Vous verrez, par les dépêches du ministre de la Guerre, que l'on a réparé tous les torts que l'on avait faits au dépôt des demi-brigades de votre armée restée en France.

J'ai fait donner une pension du tiers du traitement de leurs maris aux femmes des individus qui sont en Égypte.

La campagne prochaine sera, j'espère, plus honorable pour les armées françaises que celle qui vient de se terminer. Pourquoi faut-il que des hommes comme vous ne puissent pas se trouver à la fois en plusieurs lieux ?

BONAPARTE.

Le 21 décembre, trois jours après, Il écrit à l'obscur Moreau, commandant en chef de l'armée du Rhin, l'autorisant à conclure un armistice de trois mois « pourvu que l'armée d'Italie y soit comprise. »

Il ajoute :

« Le Gouvernement a une confiance entière dans le zèle du général en chef Moreau et dans ses talents militaires, qui doivent, dans la campagne prochaine, effacer la honte que fait rejaillit, sur les armes françaises, la dernière campagne en Italie. »

Mais voici que se pose, en ce même décembre 1799, la question des fêtes nationales, La Place, le croqueur d'araignées, étant ministre de l'Intérieur.

Bonaparte consul avec Sieyès et Roger Ducos, lui écrit :

« Les consuls de la République me chargent, citoyen, de vous inviter à préparer un travail sur les fêtes nationales. Ils désirent principalement que vous examiniez quelles sont les fêtes qui se rapportent à des événements sur lesquels l'opinion des citoyens s'est divisée et que, pour résultat de ces examens, vous leur fassiez connaître celles qui appartenant à des époques ou les vœux furent unanimes, vous paraîtront devoir être consacrées. »

Par ordre du consul Bonaparte.

Voici maintenant (24 décembre 1799) le rapport établi par la main de Laplace et transmis par les consuls à la Commission Législative du Conseil des Cinq Cents.

L'institution des fêtes nationales est un des plus importants objets de l'attention du législateur. Pour qu'elles aient une utilité réelle, il faut qu'une grande idée politique ou morale ait présidé à leur création, et que, dans tous les lieux et dans tous les temps, elles puissent être célébrées avec le même enthousiasme.

D'après ces principes, il paraît convenable de faire quelques changements dans le système des fêtes commémoratives de divers événements de la Révolution. De toutes ses époques, peut-être ne faudrait-il consacrer par des fêtes que celle où elle commença et celle qui aurait dû la terminer. Le 14 juillet sera toujours cher aux amis de la liberté ; c'est dans ce jour que l'on porta le premier coup au despotisme héréditaire qui pesait sur la France. Le jour où la République française fut proclamée mérite encore plus nos hommages ; c'est là que commence l'ère nouvelle des Français, illustrée par d'innombrables triomphes et des vertus sublimes.

Je vous propose en conséquence, citoyens consuls, d'inviter par un message les commissions législatives à déclarer que toutes les fêtes commémoratives sont supprimées, excepté celles du 14 juillet et du 1er vendémiaire.

LAPLACE.

Mais ce n'en est pas fini pour ce même mois de décembre 1799. Le 25 décembre, Bonaparte écrit, dans un esprit de conciliation, au roi de Grande-Bretagne et d'Irlande ainsi qu'à S. M. l'Empereur, roi de Hongrie et de Bohème. Il met les bouchées doubles.

Ce même jour, proclamation à l'armée d'Italie :

4 nivôse an VIII
(25 décembre 1799.)

Soldats ! les circonstances qui me retiennent à la tête du Gouvernement m'empêchent de me trouver au milieu de vous.

Vos besoins sont grands : toutes les mesures sont prises pour y pourvoir.

Les premières qualités du soldat sont la constance et la discipline ; la valeur n'est que la seconde.

Soldats ! plusieurs corps ont quitté leur position ; ils ont été sourds à la voix de leurs officiers. La 17ᵉ légère est de ce nombre.

Sont-ils donc tous morts les braves de Castiglione, de Rivoli, de Neumarkt ? Ils eussent péri plutôt que de quitter leurs drapeaux, et ils eussent ramené leurs jeunes camarades à l'honneur et au devoir.

Soldats ! Vos distributions ne vous sont pas régulièrement faites, dites-vous. Qu'eussiez-vous fait si, comme la 4ᵉ et 22ᵉ légère, la 18ᵉ et 32ᵉ de ligne, vous vous fussiez trouvés au milieu du désert, sans pain ni eau, mangeant du cheval et du mulet ? La victoire nous donnera du pain, disaient-elles ; et vous, vous quittez vos drapeaux.

Soldats d'Italie ! un nouveau général vous commande. Il fut toujours à l'avant garde dans les plus beaux jours de votre gloire. Entourez-le de votre confiance ; il ramènera la victoire dans vos rangs.

Je me ferai rendre un compte journalier de la conduite de tous les corps et spécialement de la 17ᵉ légère et de la 63ᵉ de ligne. Elles se ressouviendront de la confiance que j'avais en elles !

BONAPARTE.

Cependant, en cette fin d'année 1799, l'état moral de la Bretagne et de la Vendée, nullement converties aux délices de la Révolution, ne cessait de préoccuper Bonaparte et il s'adressait, en ces termes, à leurs habitants.

Paris, 7 nivôse an VIII
(28 décembre 1799.)

Une guerre impie menace d'embraser une seconde fois les départements de l'Ouest. Le devoir des premiers magistrats de la République est d'en arrêter les progrès et de l'éteindre dans son foyer ; mais ils ne veulent déployer la force qu'après avoir épuisé les voies de la persuasion et de la justice.

Les artisans de ces troubles sont des partisans insensés de deux hommes qui n'ont su honorer ni leur rang par des vertus, ni leur malheur par des exploits, méprisés de l'étranger dont ils ont armé la haine, sans avoir pu lui inspirer d'intérêt.

Ce sont encore des traîtres vendus à l'Anglais et instruments de ses fureurs, ou des brigands qui ne cherchent, dans les discordes civiles, qui l'aliment et l'impunité de leurs forfaits.

À de tels hommes, le Gouvernement ne doit ni ménagement ni déclaration de ses principes.

Mais il est des citoyens chers à la Patrie, qui ont été séduits par leurs artifices : c'est à ces citoyens que sont dues les lumières et la vérité.

Des lois injustes ont été promulguées et exécutées ; des actes arbitraires ont alarmé la sécurité des citoyens et la liberté des consciences ; partout des inscriptions hasardées sur des listes d'émigrés ont frappé des citoyens qui n'avaient jamais abandonné ni leur Patrie ni même leurs foyers ; enfin de grands principes d'ordre social ont été violés.

C'est pour réparer ces injustices et ces erreurs qu'un gouvernement fondé sur les bases sacrées de la, liberté, de l'égalité, du système représentatif a été proclamé et reconnu par la nation : la volonté constante, comme l'intérêt et la gloire des premiers magistrats qu'elle s'est donnés, sera de fermer toutes les plaies de la France ; et déjà cette volonté est garantie par tous les actes qui sont émanés d'eux.

Ainsi la loi désastreuse de l'emprunt forcé, la loi plus désastreuse des otages, ont été révoquées ; des individus déportés sans jugement préalable sont rendus à leur Patrie et à leurs familles. Chaque jour est et sera marqué par des actes de justice et le Conseil d'État travaille sans relâche à préparer ici réformation des mauvaises lois et une combinaison plus heureuse des contributions publiques.

Les consuls déclarent encore que la liberté des cultes est garantie par la Constitution ; qu'aucun magistrat ne peut y porter atteinte ; qu'aucun homme ne peut dire à un autre homme : Tu exerceras un tel culte ; tu ne l'exerceras qu'un tel jour.

La loi du 11 prairial an III, qui laisse aux citoyens l'usage des édifices destinés au culte religieux, sera exécutée.

Tous les départements doivent être également soumis à l'empire des lois générales ; mais les premiers magistrats accorderont toujours et des soins et un intérêt plus marqué à l'agriculture, aux fabriques et au commerce, dans ceux qui ont éprouvé de plus grandes calamités.

Le Gouvernement pardonnera ; il fera grâce au repentir ; l'indulgence sera entière et absolue ; mais il frappera quiconque, après cette déclaration, oserait encore résister à la souveraineté nationale.

Français, habitants des départements de l'Ouest, ralliez-vous autour d'une constitution qui donne aux magistrats la force comme le devoir de protéger les citoyens, qui les garantit également et de l'instabilité et de l'intempérance des lois.

Que ceux qui veulent la gloire de la France se séparent des hommes qui persisteraient à vouloir les égarer, pour les livrer au fer de la tyrannie ou à la domination de l'étranger.

Que les bons habitants des campagnes rentrent dans leurs foyers et reprennent leurs utiles travaux ; qu'ils se défendent des insinuations de ceux qui voudraient les ramener à la servitude féodale.

Si, malgré toutes les mesures que vient de prendre le Gouvernement il était encore des hommes qui osassent provoquer la guerre civile, il ne resterait aux premiers magistrats qu'un devoir triste mais nécessaire à remplir, celui de les subjuguer par la force.

> *Mais non, tous ne connaîtront plus qu'un sentiment, l'amour de la Patrie. Les ministres d'un Dieu de paix seront les premiers moteurs de la réconciliation et de la concorde ; qu'ils parlent au cœur le langage qu'ils apprirent à l'école de leur Maître ; qu'ils aillent, dans les temples qui se rouvrent pour eux, offrir avec leurs citoyens le sacrifice qui expiera les crimes de la guerre et le sang qu'elle a fait verser.*
>
> BONAPARTE.

Afin de recoller, tant bien que mal, les morceaux de la belle porcelaine — unité nationale — cassée par l'horrible Révolution voici, en date du 5 janvier 1800, une proclamation à l'armée de la répression dans l'Ouest :

> *Soldats, le Gouvernement a pris les mesures pour éclairer les habitants égarés des départements de l'Ouest. Avant de prononcer, il les a entendus. Il a fait droit à leurs griefs, parce qu'ils étaient raisonnables. La masse des bons habitants a posé les armes. Il ne reste plus que des brigands, des émigrés, des stipendiés de l'Angleterre.*
>
> *Des Français stipendiés de l'Angleterre ! Ce ne peuvent être que des hommes sans aveu, sans cœur et sans honneur. Marchez contre eux ; vous ne serez pas appelés à déployer une grande valeur.*
>
> *L'armée est composée de plus de soixante mille braves ; que j'apprenne bientôt que les chefs des rebelles ont vécu. Que les généraux donnent l'exemple de l'activité. La gloire ne s'acquiert que par les fatigues et si l'on pouvait l'acquérir en tenant son quartier général dans les grandes villes, ou en restant dans de bonnes casernes, qui n'en aurait pas ?*
>
> *Soldats, quel que soit le rang que vous occupiez dans l'armée, la reconnaissance de la nation vous attend. Pour en être dignes, il faut braver l'intempérie des saisons, les glaces, les neiges, le froid excessif des nuits ; surprendre vos ennemis à la pointe du jour et exterminer ces misérables, le déshonneur du nom français.*
>
> *Faites une campagne courte et bonne.*
>
> *Soyez inexorables pour les brigands, mais observez une discipline sévère.*

Mais voici la perle de cette instructive correspondance :

Au comte de Provence (Louis XVIII)

*Paris, 20 fructidor an VIII de la République
(7 septembre 1800.)*

J'ai reçu, monsieur, votre lettre, je vous remercie des choses honnêtes que vous m'y dites.

Vous ne devez pas souhaiter votre retour en France, il vous faudrait marcher sur 100 000 cadavres... Sacrifiez votre intérêt au repos et au bonheur de la France, l'histoire vous en tiendra compte.

Je ne suis pas insensible aux malheurs de votre famille... je contribuerai avec plaisir à la douceur et à la tranquillité de votre retraite.

BONAPARTE.

Pour la suite voir, l'assassinat du duc d'Enghien.

CHAPITRE X

L'ASSASSINAT DU DUC D'ENGHIEN

L'ASSASSINAT du duc d'Enghien, combiné avec une froide férocité, exécuté avec une hâte scélérate, marque le réveil chez le consul Bonaparte, grisé par la fortune, du conventionnel endormi. Il n'était pas, pour le courant de la vie, sans conscience et il apparaît bien que cette fois, en avançant en âge et en déboires, sa conscience l'ait remordu. La page d'explications, et non par de repentir, qu'on peut extraire du *Mémorial* à ce sujet, est sans intérêt et d'une mauvaise foi évidente. Quelques heures avant sa mort, à Sainte Hélène, il se releva et alla, pieds nus, ajouter à son testament un codicille enfantin, touchant sa victime. Car j'ai dit qu'il tenait, romantique avant la lettre, à l'opinion de la postérité, à la justification devant la postérité. Il pensait sans doute qu'une grande partie de la curiosité française à venir serait consacrée à sa mémoire. L'idée ne lui pesait pas qu'il en viendrait d'autres, peut être plus surprenants que lui et que leur légende effacerait la sienne.

Les pires de son entourage ont collaboré à cette abomination, mis avec lui la main à la pâte : un Fouché, un Caulaincourt, un Savary duc de Rovigno, un Hulin (l'ami de Laclos.) Ses deux principaux auxiliaires furent la peur et l'ambition, c'est dire le difficile passage du Consulat à l'Empire, du laurier à la couronne. Un complot royaliste, que commandait son plus redoutable adversaire, Cadoudal, se tramait autour de lui.

On faisait, du côté des Jacobins, courir le bruit qu'il voulait restaurer la monarchie. La police savait, d'autre part, que l'arrivée en France d'un prince du sang, d'un Bourbon donnerait le signal de l'opération. Un nom estropié fit courir le bruit que Dumouriez, versatile et dangereux en raison de sa popularité, se trouvait auprès du prince à Ettenheim, dans le grand-duché de Bade. Pour se saisir du duc d'Enghien en territoire étranger, il fallait violer le droit des gens. Appartenait-il au droit des gens de s'opposer à la décision d'un premier consul auréolé par la victoire, en fait le maître de la France ? Aucune preuve n'existait de la connivence du descendant des Condé avec les conjurés. Qu'importât ? On les trouverait, ces preuves, en perquisitionnant chez le prince au cours de son arrestation et chez la jeune femme dont on le savait épris. Depuis plusieurs semaines un réseau d'espionnage, installé par Fouché en personne, se resserrait autour du jeune homme, averti certes, mais entêté dans un « on n'oserait » traditionnel.

En 1893 paraissait à la librairie Plon un ouvrage, aujourd'hui rarissime, de M. Léonce Pingaud, consacré au comte d'Antraigues, agent secret au service de la Russie, émigré résidant à Dresde. Le comte d'Antraigues transmettait à Pétersbourg les renseignements qui lui étaient communiqués de Paris, soit par « l'ami », soit par « l'amie. » Le premier était un fonctionnaire du Ministère des relations extérieures que ses fonctions mettaient à même d'être renseigné, de première main, sur ce qui se passait dans l'entourage de Bonaparte. La seconde était une dame qui fréquentait la Malmaison.

Voici, extraits du chapitre III de ce livre, quelques passages concernant le procès, le rapt et l'exécution du duc d'Enghien :

> « ...C'est une horreur, c'est une abomination, mais il est aussi le plus imprudent des hommes. C'est Lajolais qui l'a compromis par une déposition incidente, dans laquelle il a dit qu'il (d'Enghien) devait s'emparer de la

citadelle d'Huningue, puis de celle de Strasbourg, que dans le plan les conjurés devaient lui livrer ; que dans celle d'Huningue il devait laisser pour commandant M. Thumery, ce qui, mal écrit, a fait croire que c'était Dumouriez au Grand Juge, qui nous l'a envoyé ainsi écrit.

« Je crois quant à moi et Durant pense de même ainsi que Talleyrand que Lajolais a reçu du Grand Juge l'ordre de compromettre le duc d'Enghien, que le Premier Consul voulait enlever déjà depuis plusieurs semaines, à ce que m'a assuré Duroc, lui-même. On savait par deux de ses valets, dont un était une espèce de secrétaire, qu'il avait deux cassettes de papiers. Enfin, après la déposition secrète et incidente de Lajolais, le Consul manda Talleyrand et lui ordonna d'écrire la lettre, que vous avez vue imprimée, à l'électeur de Bade ; il la lui remit toute faite ; elle est encore dans le bureau, écrite par le conseiller Fourcroy qui est devenu l'intime confident de Bonaparte. Talleyrand lui fit de fortes représentations, je vous le jure sur mon honneur. Bonaparte lui dit : « Je le veux, je l'aurai, je le veux, je l'aurai », et le renvoya, lui ordonnant de lui envoyer le paquet fait, qu'il l'expédierait lui-même. Talleyrand vint lui-même chez Durant ; il était pâle comme un mort, et il leur dit ce qui venait d'arriver, ordonnant de faire expédier la lettre et de la lui porter à signer. Durant ne lui dit mot, ni moi. Lui sorti, et à l'instant même avant l'expédition de la lettre, nous envoyâmes chercher mon neveu, frère cadet de celui que vous avez vu en Égypte consul de France ; il est du commissariat de la guerre à Strasbourg, où il devait se rendre dans peu de jours. La lettre ne fut mise au net, signée et remise au Premier Consul qu'après le départ de M.... et quand Caulaincourt partit. M... avait au moins trois postes d'avance.

« En arrivant à Strasbourg, le magistrat de sûreté de ce pays, nommé Popp, ami intime de M.... envoya un homme sûr à Kehl au nommé Trident, maître de poste, qui expédia à l'instant une estafette à Ettenheim. On disait au duc : « Partez à l'instant. Lajolais vous a compromis ainsi que Mme de Reich. Celle ci est arrêtée. Vous n'avez pas une minute à perdre. » Le duc a reçu ce billet vingt-neuf heures avant d'être arrêté, et n'en a pas tenu compte ; il l'avait sur lui, quand, après l'avoir fait lever, on l'a habillé. Il a été remis à l'inventaire à l'arrivée du duc à Strasbourg. Le magistrat chef du tribunal criminel : a saisi le billet, l'a déchiré et non compris dans l'inventaire sommaire. Ainsi vous voyez que ce malheureux jeune homme a été infatué et n'a pas voulu s'échapper. Nous avons la consolation d'avoir fait l'impossible entre Dieu et nous (3).

« La lettre de Talleyrand mise au net, Durant malade ne put la porter à la signature ; je la portai. Talleyrand était avec Chaptal, l'un et l'autre fort opposés à cette arrestation, mais tous deux si effrayés que Talleyrand me chargea de porter la paquet au Consul, ce qui fut fait. Je trouvai le Consul avec Caulaincourt, et c'est alors que je vis que d'Enghien était perdu. Le Consul lui dit devant moi : « Ordonnez au général qui ira à Ettenheim qu'on le fusille dans sa chambre, s'il y avait résistance, et vous le ferez fusiller partout où vous verrez un mouvement pour nous l'enlever. » Là, les ordres furent rendus devant moi. On envoya trois officiers en même temps sur la route de Paris à Strasbourg à postes fixes pour se relever quand on le conduirait ici. L'ordre était qu'il fût mené à Paris et retiré de la citadelle de Strasbourg la nuit, sortant par la porte de secours du côté de Saverne.

« J'oubliais que le Consul répéta plusieurs fois : « Caulaincourt, s'il était averti et qu'il s'enfuit, envoyez

---

3. — C'est là la confirmation du fait rapporté par Nougarede de Fayet, *Recherches historiques sur le procès et la condamnation du duc d'Enghien*, t. II, p. 234. *Cf.*, pour ce fait comme pour le reste de l'écrit, H. Welschinger, *Le duc d'Enghien*.

quinze cavaliers à toute bride après lui ; promettez leur 3.000 louis s'ils le saisissent, et 1.500 si, ne le pouvant saisir, ils le tuent sur place en quelque lieu qu'ils le rencontrent. » Ce furent ses dernières paroles. Il y avait en ce moment dans son cabinet Berthier, Duroc, Caulaincourt, Régnier et moi.

« On n'apprend à connaître les hommes qu'à l'user, disait votre vénérable grand-père, et je l'ai bien vu en cette occasion. Caulaincourt, que j'avais toujours cru un bon et aimable garçon, et que j'aurais parié devoir refuser cette mission, que Duroc et Mortier avaient refusée, s'en chargea non seulement avec joie, mais la tête lui tournait de plaisir de rendre service ; il était infatué.

« Vous avez lu dans le *Moniteur* l'exécution des ordres ; cela est très exact. Seulement, ils mentent au sujet de l'électeur de Bade ; il n'a pu consentir, puisque, lorsqu'il a reçu la lettre de Talleyrand, d'Enghien était à deux lieues enfoncé en terre de France. À Strasbourg, il n'a pas eu le temps de se reconnaître. Il n'a pas été maltraité ; au moins je l'ignore. Mené à Paris jour et nuit, il s'est arrêté onze fois pour des quarts d'heure au plus pour des besoins ; mais jamais on n'a voulu le laisser dormir. M... m'ajoute, mais cela je ne puis le croire, qu'on ne le laissait pas dormir en voiture exprès afin de l'empêcher d'être en état de répondre à ses juges ; je ne crois pas cela.

« Arrivé à Paris, il a été d'abord au Temple ; mais le matin Berthier y avait été avec Murat et y avait laissé deux capitaines et quatre gendarmes avec le carrosse de Murat pour le conduire aussitôt à Vincennes. En y arrivant, il a demandé tout de suite un verre de vin ou un bouillon, et un lit, parce qu'il n'en pouvait plus de fatigue. On lui a donné du vin, il n'y avait pas de bouillon, et on lui a refusé de dormir, lui disant que le conseil de guerre était assemblé.

« Alors il a paru ému.

« Talleyrand nous avait chargés d'envoyer des gens pour être témoins de tout, et j'avais envoyé un lieutenant de gendarmerie nommé Lemonnier. D'Enghien a demandé : « Mais que veut-on ? Vous juger, dit Hulin. Mais sur quoi ? Sur ce que vous avez voulu assassiner le Premier Consul ! » Alors il a repris ses forces et dit : « Voyons, voyons », et on le mena dans la salle. Là il s'endormit ; au moins on l'a cru. Quand on lut les préambules, il y avait du monde, c'est à dire des militaires ; mais quand il voulut parler, on fit sortir tout le monde, le lieutenant de gendarmerie aussi. Enfin, on rouvrit les portes pour lui lire sa sentence. Il l'écouta sans mot dire, l'œil ferme, mais très pâle. Il voulut écrire, refus ; envoyer sa bague à la princesse de Rohan. Alors il eut des mouvements d'impatience, presque convulsifs, et demanda à boire.

« Pendant ce temps, notre amie était chez Mme Bonaparte pour l'engager à le sauver. Je vous jure devant Dieu qu'elle y a fait tout ce qu'il est possible de faire. Je vous dirai plus. Talleyrand écrit à ce sujet une lettre superbe au Consul mais n'a pas eu le courage de parler, il a écrit ; il a fait chercher Joseph de le venir voir. Joseph est venu, et engagé à porter sa lettre au Consul, et à l'appuyer. Mme Bonaparte s'est jetée aux pieds de son époux pour le supplier de garder le duc comme otage.

« Je vous rapporte ce qu'elle a dit elle-même à une amie, qui l'a écrit à mesure en rentrant chez elle. Elle lui demanda donc de garder d'Enghien comme otage : « Eh ! f..., lui dit le Consul, de quoi mêlez-vous ? Je n'ai pas besoin d'otage. — Mes souverains le réclameront et vous en tirerez. — Eh ! que me font les souverains ? C'est pour qu'ils ne le réclament pas qu'il sera exécuté. — Mais qu'a-t-il fait ? » Alors, elle jura à l'*amie* que Bonaparte, lui a lancé un coup de pied sur le genou, et est sorti.

« Joseph est entré alors. Il lui a parlé avec un courage de lion, peut être trop, lui a dit qu'il serait le Robespierre et le Marat de la France. Bonaparte l'a envoyé se faire f... en toutes lettres, et a ordonné l'exécution, puis il s'est enfermé à la Malmaison sans qui que ce soit, tout le monde le croyant Paris. Il a défendu qu'on laissât approcher personne, excepté Hulin, qui est venu lui dire que le duc d'Enghien, avait été supplicié de quatorze coup de fusil tirés à la fois. Hulin me dit et répéta que Bonaparte avait dit ces seuls mots : « Un de moins ! c'est bon. »

« Voilà, monsieur, tout ce que je sais et vous garantis être vrai, parce que j'en suis sûr, et si sûr que je vous supplie de n'en faire aucun usage public qu'après ma mort ou un changement ici de maître. Je défie qui que ce soit d'être plus instruit, excepté Hulin, qui n'a jamais voulu dire à Talleyrand ce qu'il avait dit à huis clos, ce qui me persuade que l'on fabrique sur cela quelque infamie pour faire périr quelqu'un ou flétrir sa mémoire. Je le crois ; nous verrons.

« J'oubliais que Hulin, lui-même, me dit hier chez Decrès que d'Enghien lui avait demandé un confesseur. — Et que lui avez-vous répondu ? dit Decrès. — Je lui ai ri au nez, dit Hulin, et il s'en est passé (4).

« On n'a rien trouvé d'essentiel dans les papiers de la victime. C'est Bonaparte, assisté de Roederer et de Ségur, qui en a fait lui-même l'inventaire.

« ... L'*amie* a de plus fermé sa porte à Caulaincourt, hier encore le bienvenu dans son château avec les officiers de son régiment, et n'a consenti à la lui rouvrir que sur les sollicitations expresses, réitérées, venues des Tuileries.

« Il a essayé, écrit-elle à cette occasion, de se justifier, et il s'est justifié en une partie que voici. Bonaparte lui promit sa

---

4. — L'ami à d'Antraigues, 19 avril 1804.

parole d'honneur que si d'Enghien était arrêté, il serait enfermé jusqu'à la paix au château de Pierre-Encise à Lyon sans qu'il y fût connu. Caulaincourt ne se fiant pas à cette promesse, Bonaparte la lui fit écrire par le Grand Juge. Il me l'a fait lire. Je lui dis : « Il faut la publier. » Il pâlit, me dit ne l'avoir conservée que pour moi, avoir consenti à la détruire et avoir dit qu'elle n'existait plus. La grande dame avait poussé l'expression de sa colère contre lui jusqu'à demander et obtenir qu'on changeât de garnison le régiment dont il était colonel ; elle ne voulait point voir, même de loin, la couleur de son uniforme. »

L'horreur d'un tel récit, corroboré par d'autres de moindre précision, se suffit à elle-même. Elle enlève à Bonaparte le droit de se plaindre des coups que lui asséna ultérieurement la Providence, en punition de sa barbarie. La peur d'un complot, en pareil cas, n'est pas une excuse et on le plaint, ce « *tragédiante* » d'avoir eu, en mourant, sous les paupières, le spectacle d'un pareil souvenir.

CHAPITRE XI

Une caricature de la Monarchie

Si la correspondance et les proclamations de Bonaparte, devenu Napoléon, nous livrent la succession des faits, victoires, batailles « à peu près gagnées », selon le mot de Talleyrand, projets abandonnés, puis repris, elles ne nous font rien connaître du travail psychologique qui amena le fils de la Révolution, le Premier Consul, victorieux, l'homme de l'expédition d'Égypte, à se faire sacrer Empereur, avec la belle et désirable Joséphine comme Impératrice et à se constituer, aux Tuileries, une Cour à l'image de celle des rois. Je dis à l'image, il faudrait dire « à la caricature. » Aventure tragi-comique que domine, pour la politique étrangère, la railleuse figure de Talleyrand murmurant :

« Quel malheur qu'un si grand homme soit si mal élevé ! »

Insensible pour la conservation, ou la perte de la vie humaine, comme les types de son espèce chez qui le don militaire, cette algèbre des champs de bataille, remplace tout, ce personnage insulaire, né dans une île, mort dans une autre, et toujours borné par la mer, ignorant de la vie spirituelle, manquait d'un sens comique élevé qui lui eût fait sentir celui de son propre personnage.

On connaît sa phrase célèbre :

« J'ai fait la plupart de mes plans de campagne avec les rêves de mes soldats endormis. »

C'est à dire qu'il réalisait leurs vœux secrets qui lui parvenaient à travers le silence des nuits. Mais lui même que souhaitait il, que voulait-il en dehors, pour le présent, de la beauté fondante et ferme de Joséphine et, pour l'avenir, de l'extase de la postérité ? Ni dans ses conversations avec Roederer, où l'on entend le mieux sa parole impérieuse dominant ses hésitations, ni dans le fatras grandiloquent du *Mémorial*, il n'est possible de le discerner.

Au 10 août, voyant Louis XVI se rendre, vaincu sans combat, de son palais des Tuileries à l'assemblée législative, Bonaparte murmura : « *Che coglione !* » Il eût pu s'appliquer ce mot cruel à lui-même quand il s'embarqua sur le *Bellérophon* pour demander, « comme Thémistocle », asile à l'Angleterre. Tel Gribouille, lointain parent de Thémistocle, il se jetait à l'eau de peur de se noyer. Marchand, le héros de Fachoda, disait de lui :

> « Il ignorait la puissance de la mer et il croyait qu'on peut conquérir le monde par la terre, alors qu'on ne peut le conquérir que par la mer... »

Marchand ajoutait :

« Cela l'Angleterre l'a toujours su. »

Bonaparte disait aussi :

« Mon imagination est morte à Saint Jean d'Acre. »

Or son imagination était le grand levier de sa fortune, mais sans but précis, contrairement à celle de Jules César. Car on englobe, sous le terme générique de « dictateurs » des types humains bien différents, les uns centripètes, comme le vainqueur des Gaules et qui voulait créer une barrière permanente devant l'invasion des barbares, les autres centrifuges, tel Sylla qui voulait prévenir Mithridate en allant l'attaquer en Grèce.

Coaliser l'Europe contre l'Angleterre, isoler et bloquer l'Angleterre, telle était, sans aucun doute, la pensée maîtresse de Napoléon, parvenu au pouvoir suprême grâce au coup d'État de Brumaire. Première étape ; apprendre aux peuples d'Europe « la liberté », soit par la persuasion, soit par la force armée. Deuxième étape : remplacer sur les trônes les dynasties héréditaires par des dynasties napoléoniennes, dociles aux grands projets du roi des rois, de Napoléon en personne. Un tel dessein dépassait les possibilités d'une vie humaine et, quand celui qui, hier encore, était Bonaparte le comprit, sans doute avec l'aide de Talleyrand, il conçut la répudiation de Joséphine, le renoncement au petit madras créole, coquettement noué autour des cheveux et, comme compensation, la couche, présumée féconde, de Marie-Louise.

Les divers désirs d'un même homme prennent toujours à peu près la même forme. Napoléon, comme son premier « moi » Bonaparte, était né sous le signe de la vitesse. Quand il avait envie d'une femme, il la lui fallait tout de suite et la précipitation était, comme aux armées, sa tactique. La hâte de traiter aussitôt après la victoire lui masqua la fragilité de traités ainsi conclus sur le tambour.

Il bâcla ses coalitions.

Il n'observa pas la règle de la sagesse provençale : *« Sian pas pressa. »* « Nous ne sommes pas pressés. » C'est ainsi qu'en amour comme en politique, il se comporta à la façon d'un puceau. S'il avait lu les *Liaisons dangereuses* de Laclos, il ne les avait sans doute pas comprises.

Mais le voici, en brûlant et brouillant les étapes, à l'apogée de la gloire, au bulletin de victoire d'Austerlitz :

Austerlitz, 12 frimaire an XIV.
(3 décembre 1805.)

Soldats, je suis content de vous. Vous avez, à la journée d'Austerlitz, justifié tout ce que j'attendais de votre intrépidité. Vous avez décoré vos aigles d'une immortelle gloire. Une armée de 100 000 hommes, commandée par les empereurs de Russie et d'Autriche, a été en moins de quatre heures ou coupée ou dispersée.

> *Ce qui a échappé à votre fer s'est noyé dans les lacs. Quarante drapeaux, les étendards de la garde impériale de Russie, cent vingt pièces de canon, vingt généraux, plus de 30 000 prisonniers sont le résultat de cette journée à jamais célèbre. Cette infanterie tant vantée et en nombre supérieur n'a pu résister à votre choc, et désormais vous n'avez plus de rivaux à redouter. Ainsi, en deux mois, cette troisième coalition a été vaincue et dissoute. La paix ne peut plus être éloignée : mais, comme je l'ai promis à mon peuple avant de passer le Rhin, je ne ferai qu'une paix qui nous donne des garanties et assure des récompenses à nos alliés.*

Promontoire étoilé, voici le bulletin correspondant de la grande armée :

> *Le 11 frimaire, le jour parut enfin. Le soleil se leva radieux ; et cet anniversaire du couronnement de l'Empereur, où allait se passer l'un des plus beaux faits d'armes du siècle, fut une des plus belles journées de l'automne.*
>
> *Cette bataille, que les soldats s'obstinent à appeler la journée des trois empereurs, que d'autres appellent la journée de l'anniversaire, et que l'Empereur a nommé la bataille d'Austerlitz, sera à jamais mémorable dans les fastes de la grande nation.*
>
> *L'Empereur, entouré de tous les maréchaux, attendait pour donner les derniers ordres que l'horizon fût bien éclairci. Aux premiers rayons du soleil, les ordres furent donnés, et chaque maréchal rejoignit son corps au grand galop. L'Empereur dit en passant sur le front de bandière de plusieurs régiments : « Soldats, il faut finir cette campagne par un coup de tonnerre qui confonde l'orgueil de nos ennemis » ; et aussitôt les chapeaux au bout des baïonnettes et les cris de « Vive l'Empereur ! » furent le véritable signal du combat. Un instant après, la canonnade se fit entendre à l'extrémité de la droite, que l'avan-garde ennemie avait déjà débordée ; mais la rencontre imprévue du maréchal Davout arrêta l'ennemi tout court, et le combat s'engagea.*
>
> *Le maréchal Soult s'ébranle au même instant, se dirige sur les hauteurs du village de Pratzen avec les divisions*

des généraux Vandamme et Saint Hilaire, et coupe entièrement la droite de l'ennemi, dont tous les mouvements devinrent incertains. Surprise par une marche de flanc pendant qu'elle fuyait, se croyant attaquante et se voyant attaquée, elle se regarde comme à demi battue.

Le prince Murat s'ébranle avec sa cavalerie. La gauche, commandée par le maréchal Lannes, marche en échelons par régiment, comme à l'exercice. Une canonnade épouvantable s'engage sur toute la ligne. Deux cents pièces de canon et près de 200.000 hommes faisaient un bruit affreux. C'était un véritable combat de géants. Il n'y avait pas une heure qu'on se battait, et toute la gauche de l'ennemi était coupée. Sa droite se trouvait déjà arrivée à Austerlitz, quartier général des deux empereurs, qui durent faire marcher sur-le-champ la garde de l'empereur de Russie pour tâcher de rétablir la communication du centre avec la gauche. Un bataillon du 4ᵉ de ligne fut chargé par la garde impériale russe à cheval, et culbuté ; mais l'Empereur n'était pas loin : il s'aperçut de ce mouvement, il ordonna au maréchal Bessières de se porter au secours de sa droite avec ses invincibles, et bientôt les deux gardes en furent aux mains. Le succès ne pouvait être douteux : en un moment, la garde russe fut en déroute ; colonel, artillerie, étendards, tout fut enlevé. Le régiment du grand duc Constantin fut écrasé ; lui-même ne dut son salut qu'à la vitesse de son cheval.

Des hauteurs d'Austerlitz, les deux empereurs virent la défaite de la garde russe. Au même moment, le centre de l'armée, commandé par le maréchal Bernadotte, s'avança ; trois de ses régiments soutinrent une très belle charge de cavalerie. La gauche, commandée par le maréchal Lannes, donna trois fois ; toutes les charges furent victorieuses. La division du général Caffarelli s'est distinguée. Les divisions de cuirassiers se sont emparées des batteries de l'ennemi.

À une heure après midi la victoire était décidée. Elle n'avait pas été un moment douteuse. Pas un homme de la réserve n'avait été nécessaire et n'avait donné nulle part.

La canonnade ne se soutenait plus qu'à notre droite. Le corps ennemi qui avait été cerné et chassé de toutes ses hauteurs se trouvait dans un bas fond et acculé à un lac. L'Empereur s'y porta avec vingt pièces de canon. Ce corps fut chassé de position en position, et l'on vit un spectacle horrible, tel qu'on l'avait vu à Aboukir, 20 000 hommes se jetant dans l'eau et se noyant dans les lacs !

Deux colonnes, chacune de 4 000 Russes, mettent bas les armes et se rendent prisonnières. Tout le parc de l'ennemi est pris. Les résultats de cette journée sont quarante drapeaux russes, parmi lesquels sont les étendards de la garde impériale, un nombre considérable de prisonniers (l'état major ne la connaît pas encore tous, on avait déjà la note de vingt mille) ; douze ou quinze généraux au moins, quinze mille Russes tués, restés sur-le-champ de bataille. Quoiqu'on n'ait pas encore les rapports, on peut, au premier coup d'œil évaluer notre perte à huit cents hommes tués et à quinze ou seize cents blessés. Cela n'étonnera pas les militaires, qui savent que ce n'est que dans la déroute qu'on perd des hommes, et nul autre corps que le bataillon du 4ᵉ n'a été rompu. Parmi les blessés est le général Saint Hilaire, qui, blessé au commencement de l'action, est resté sur le champ de bataille ; il s'est couvert de gloire ; les généraux de division Kellermann et Walther, les généraux de brigade Valhubert, Thlébault, Sébastiani, Compans et Rapp, aide de camp de l'Empereur. C'est ce dernier qui, en chargeant à la tête des grenadiers de la Garde, a pris le prince Repnine, commandant les chevaliers de la garde impériale de Russie. Quant aux hommes qui se sont distingués, c'est toute l'armée qui s'est couverte de gloire. Elle a constamment chargé aux cris de « Vive l'Empereur » et l'idée de célébrer si glorieusement l'anniversaire du couronnement animait encore le soldat.

L'armée française, quoique nombreuse et belle, était moins nombreuse que l'armée ennemie, qui était forte de cent cinq mille hommes, dont quatre vingt mille Russes et vingt cinq mille Autrichiens. La moitié de cette armée est détruite ; le reste a été mis en déroute complète, et la plus grande partie a jeté ses armes,

Joséphine n'est pas oubliée. L'Angleterre non plus.

À Joséphine

Austerlitz, 12 frimaire an XIV.
(3 décembre 1805.)

Je t'ai expédié Lebrun du champ de bataille. J'ai battu l'armée russe et autrichienne commandée par les deux empereurs. Je me suis un peu fatigué ; j'ai bivouaqué huit jours en plein air par des nuits assez fraîches. Je couche ce soir dans le château du prince de Kaunitz où je vais dormir deux ou trois heures. L'armée russe est non seulement battue, mais détruite. Je t'embrasse.

Austerlitz, 16 frimaire an XIV.
(7 décembre.)

J'ai conclu une trêve. Les Russes s'en vont. La bataille d'Austerlitz est la plus belle de toutes celles que j'ai donné : quarante cinq drapeaux, plus de cent cinquante pièces de canon, les étendards de la garde de Russie, vingt généraux, trente mille prisonniers, plus de vingt mille tués ; spectacle horrible !

L'empereur Alexandre est au désespoir et s'en va en Russie. J'ai vu hier à mon bivouac l'empereur d'Allemagne : nous causâmes deux heures ; nous sommes convenus de faire vite la paix.

Le temps n'est pas encore très mauvais. Voilà enfin le repos rendu au continent ; il faut espérer qu'il va l'être au monde : les Anglais ne sauraient nous faire front.

Je verrai avec bien du plaisir le moment qui me rapprochera de toi. Adieu, ma bonne amie. Je me porte assez bien et suis tort désireux de t'embrasser.

Austerlitz, 16 frimaire an XIV.
(7 décembre.)

J'ai conclu un armistice ; avant huit jours, la paix sera faite. Je désire apprendre que tu es arrivée à Munich en bonne santé.

> *Les Russes s'en vont ; ils ont fait une perte immense : plus de vingt mille morts et trente mille pris. Leur armée est réduite des trois quarts. Buxhoevden, leur général en chef, est tué. J'ai trois mille blessés et sept à huit cents morts.*
>
> *J'ai un peu mal aux yeux ; c'est une maladie courante et très peu de chose. Adieu, mon amie ; je désire bien te revoir.*

La destinée de Bonaparte a atteint son apogée à Austerlitz, contre l'Autriche, puis à Iéna contre la Prusse, par la rencontre de sa politique et de sa psychologie. Remporter des victoires éclatantes, grâce à un don militaire exceptionnel, c'était bien ; conquérir l'univers, ou une grande partie de l'univers, c'était mieux. Mais la chose la mieux assurée, la base, et sans laquelle tout branlerait toujours, c'eût été de fonder une dynastie par une alliance matrimoniale soit avec la Russie, soit avec l'Autriche. La ligne autrichienne avait pour elle la tradition de Choiseul, qu'avait fait avorter la Révolution.

Cette tradition, visant l'Angleterre, il eût été piquant que le fils de la Révolution la reprît.

Malgré tant de travaux, de mémoires, de témoignages, la psychologie de Bonaparte est mal connue. L'immense étendue de son imagination avait développé en lui cette faculté maîtresse, pour un chef civil et militaire à la fois, qui consiste à situer les gens, dans leur famille, leur, catégorie, leur passé, leurs fonctions, etc.

Dès qu'on lui présentait quelqu'un, l'interrogatoire commençait :

> « Qui êtes-vous ? Comment vous appelez-vous ? Quel âge avez-vous ? Nous sommes nous déjà trouvés en contact ? Connaissez-vous un tel ou un tel ? etc. »

Il faut rapprocher de cette habitude ces crises d'étonnement qui prenaient à l'improviste le premier consul comme l'Empereur, et faisaient qu'il se demandait brusquement « qui suis-je ? » et « où suis-je ? »

Maintes fois, dans la paix comme à la guerre, fut constaté chez lui cet étonnement devant soi même, aboutissant à une sorte de stupeur.

Adaequatio rei et intellectus, ainsi Saint-Thomas a-t-il défini cet équilibre mystérieux entre la raison et son objet, dont la rupture provoque un court émoi, ou un court circuit. Le besoin de précision de Bonaparte était à coup sûr une dépendance et une revanche de sa tendance à l'illimité.

Son attitude morale et politique vis à vis du Pape, demeurée une énigme pour tout réalisme transcendantal, apparaît dans cette lettre du 13 février 1806 ; on voit bien là qu'il n'est pas d'Église et qu'il croit pouvoir saisir l'insaisissable :

Paris, 13 février 1806.

Très Saint Père, j'ai reçu la lettre de Votre Sainteté, du 29 janvier. Je partage toute sa peine ; je conçois qu'elle doit avoir des embarras. Elle peut tout éviter en marchant dans une route droite, et en n'entrant pas dans le dédale de la politique et des considérations pour des puissances qui, sous le point de vue de la religion, sont hérétiques et hors de l'Église et sous celui de la politique, sont éloignées de ses États, incapables de la protéger, et ne peuvent lui faire que du mal. Toute l'Italie sera soumise sous ma loi. Je ne toucherai rien à l'indépendance du Saint Siège ; je lui ferai même payer les dépenses que lui occasionnerait le mouvement de mon armée ; mais nos conditions doivent être que Votre Sainteté aura pour moi, dans le temporel, les mêmes égards que je lui porte pour le spirituel, et qu'elle cessera des ménagements inutiles envers les hérétiques ennemis de l'Église, et envers les puissances qui ne peuvent lui faire aucun bien. Votre Sainteté est souveraine de Rome, mais j'en suis l'empereur. Tous mes ennemis doivent être les siens. Il n'est donc pas convenable qu'aucun agent du roi de Sardaigne, aucun Anglais, Russe ni Suédois réside à Rome ou dans vos États, ni qu'aucun bâtiment appartenant à ces puissances entre dans vos ports.

Comme chef de notre religion, j'aurai toujours pour Votre Sainteté la déférence filiale que je lui ai montrée dans toutes les circonstances ; mais je suis comptable envers Dieu, qui a bien voulu se servir de mon bras pour rétablir la religion.

Et comment puis-je, sans gémir, la voir compromise par les lenteurs de la Cour de Rome ?

On ne finit rien, et pour des intérêts mondains, pour de vaines prérogatives de la tiare, on laisse périr des âmes, le vrai fondement de la religion. Ils en répondront devant Dieu, ceux qui laissent l'Allemagne dans l'anarchie ; ils en répondront devant Dieu, ceux qui retardent l'expédition des bulles de mes évêques et qui livrent mes diocèses à l'anarchie. Il faut six mois pour que les évêques puissent entrer en exercice, et cela peut être fait en huit jours. Quant aux affaires d'Italie, j'ai tout fait pour les évêques, j'ai consolidé les intérêts de l'Église ; je n'ai touché en rien au spirituel. Ce que j'ai fait à Milan, je le ferai à Naples, et partout où mon pouvoir s'étendra. Je ne refuse pas d'accepter le concours d'hommes doués d'un vrai zèle pour la religion et de m'entendre avec eux ; mais si, à Rome, on passe les journées à ne rien faire et dans une complète inertie, moi que Dieu a commis, après de si grands bouleversements, pour veiller au maintien de la religion, je ne puis devenir, je ne puis rester indifférent à tout ce qui peut nuire au bien et au salut de mes peuples.

Très Saint Père, je sais que Votre Sainteté veut le bien ; mais elle est environnée d'hommes qui ne le veulent pas, qui ont de mauvais principes, et qui, au lieu de travailler dans ces moments critiques à remédier aux maux qui se sont introduits, ne travaillent qu'à les aggraver. Si Votre Sainteté voulait se souvenir de ce que je lui ai dit à Paris, la religion de l'Allemagne serait organisée et non dans le mauvais état où elle est. Dans ce pays et en Italie, tout se serait fait de concert avec Votre Sainteté et convenablement. Mais je ne puis laisser languir un an ce qui doit être fait en quinze jours. Ce n'est pas en dormant que j'ai porté si haut l'état du clergé, la publicité du culte et réorganisé la religion en France, de telle sorte qu'il n'est pas de pays où elle fasse tant de bien, où elle soit plus respectée et où elle jouisse de plus de considération. Ceux qui parlent à Votre Sainteté un autre langage la trompent, et sont ses ennemis ; ils attireront des malheurs qui finiront par leur être funestes.

Sur ce, je prie Dieu, Très Saint Père, qu'il vous conserve toujours de nombreuses années au régime et au gouvernement de notre mère Sainte Église.

Votre dévot fils.

Napoléon.

Les attributions de royaumes et de principautés à des membres de sa famille, sans tenir compte des capacités personnelles, outre le puissant comique qu'elles dégageaient, ont créé à Bonaparte des complications de surcroît et des préoccupations dont il se serait bien passé. Sa famille lui a été ainsi une charge dont le poids allait croissant. On s'en apercevra par cette lettre à Louis Napoléon, roi de Hollande, à La Haye.

Saint Cloud, 27 mars 1808, 7 heures du soir.

Mon Frère, le roi d'Espagne vient d'abdiquer, le prince de la Paix a été mis en prison ; un commencement d'insurrection a éclaté à Madrid. Dans cette circonstance, mes troupes étaient éloignées de quarante lieues de Madrid. Le grand duc de Berg a du y entrer, le 23, avec quarante mille hommes. Jusqu'à cette heure, le peuple m'appelle à grands cris. Certain que je n'aurai de paix solide avec l'Angleterre qu'en donnant un grand mouvement au continent, j'ai résolu de mettre un prince français sur le trône d'Espagne. Le climat de la Hollande ne vous convient pas. D'ailleurs, la Hollande ne saurait sortir de ses ruines. Dans ce tourbillon du monde, que la paix ait lieu ou non, il n'y a pas de moyen pour qu'elle se soutienne. Dans cette situation des choses, je pense à vous pour le trône d'Espagne. Vous serez souverain d'une nation généreuse, de onze millions d'hommes, et de colonies importantes. Avec de l'économie et de l'activité, l'Espagne peut avoir soixante mille hommes sous les armes et cinquante vaisseaux dans ses ports. Répondez-moi catégoriquement quelle est votre opinion sur ce sujet. Vous sentez que ceci n'est encore qu'un projet, et que, quoique j'aie cent mille hommes en Espagne, il est possible, par les circonstances qui peuvent survenir, ou que je marche directement et que tout soit fait en quinze jours, ou que je marche plus lentement et que cela soit le secret de plusieurs mois d'opérations.

Répondez-moi catégoriquement. Si je vous nomme roi d'Espagne, l'agréez-vous ?

Comme il serait possible que votre courrier ne me trouvât plus à Paris et qu'alors il faudrait qu'il traversât l'Espagne au milieu de chances qu'on ne peut prévoir, répondez-moi seulement ces deux mots : « J'ai reçu votre lettre de tel jour, je réponds oui », et alors je compterai que vous ferez ce que je voudrai, ou bien non, ce qui voudra dire que vous n'agréez pas ma proposition. Vous pourrez ensuite écrire une lettre où vous développerez vos idées en détail sur ce que vous voulez, et vous l'adresserez, sous l'enveloppe de votre femme, à Paris ; si j'y suis, elle me la remettra, sinon elle vous la renverra. Ne mettez personne dans votre confidence, et ne parlez à qui que ce soit de l'objet de cette lettre ; car il faut qu'une chose soit faite pour qu'on avoue y avoir pensé.

NAPOLÉON.

Il semble aujourd'hui extraordinaire qu'un être de la pénétration de l'Empereur et qui connaissait son entourage, ait pu confier des intérêts aussi importants, dans des circonstances aussi hasardeuses, à des personnages que recommandaient seulement à son choix des liens de parenté. Quand arrivèrent les heures noires et la débâcle, tout cet échafaudage doré s'effondra, bien entendu. Seule, la tendre Pauline poussa vers le Gouvernement anglais, à propos du séjour malsain de Sainte Hélène, une supplication fraternelle d'angoisse et de douleur.

Aussi bonne que belle, telle eût pu être sa devise, à cet être de volupté, née et grandie parmi le fracas des armes, pour les délices de l'amour.

Homme de clan en sa qualité de Corse, Napoléon voulut restaurer la monarchie dans sa propre personne et sous la forme du clan. Or il avait affaire — sauf Lucien — à des vaniteux, à des imbéciles et à des incapables, qui excitaient la risée alors que lui excitait la crainte. À ce contraste s'attachait un caractère burlesque qui n'est apparu que peu à peu et duquel l'institution des majorats donnait un faux semblant de durée. Qu'est ce qu'une aristocratie improvisée et qui n'a pas pour elle la force du temps, et comment aucun des jurisconsultes dont Bonaparte aimait à s'entourer — car il prenait plaisir à parler du Code et de ses exigences en matière civile — ne lui en fit-il l'observation ! S'il y avait chez lui, entremêlées, de la grandeur et de la démence, il y avait aussi du primaire, par cette idée orgueilleuse et vaine qu'il ne pouvait pas se tromper.

Aux yeux de l'Anglais supérieur, l'étranger qui s'attaque à la Grande Bretagne, à ses traditions, à sa quasi-universalité, à ses institutions, où il y a cependant du baroque, ne peut être qu'un présomptueux fantoche.

La force de l'Anglais est sa subjectivité.

On conçoit donc que Bonaparte, venant après le chaos révolutionnaire — voir les dessins de Gilray — et s'en vantant, puis prétendant bâtir un gouvernement raisonnable et refaire un régime viable avec ce personnel de bohèmes et de soudards, et mettre, sur le trône de France une jolie catin venue des Îles, soit apparu aux Britanniques comme un bouffon particulièrement nocif et comme un extravagant. L'inquiétude ne vint qu'après, avec la conviction que seule une coalition sans merci pourrait délivrer l'univers civilisé d'un produit plus pareil à une catastrophe qu'à un homme. Quelques Britanniques, il est vrai, s'intéressèrent à cet ennemi cocasse — par exemple les Hollandais — mais comme à un animal original et malheureux.

Puis il devint celui qu'avaient battu Nelson et Wellington et de cette façon, aux yeux des *gentlemen*, s'humanisa.

Cela l'Empereur le sentit dès la première heure. D'où sa rancune et sa colère contre une nation non seulement devenue son ennemie personnelle, mais qui le tournait en dérision. Car rien ne pouvait lui être plus désagréable que d'être pris à la blague, et il ne dut pas lui arriver souvent d'éclater de rire devant son miroir. L'ironie glacée de l'Anglais devait le pénétrer d'horreur et de fureur au point de lui faire tenter l'impossible, comme, par exemple, le retour de l'île d'Elbe.

Il n'en fut pas de même pour l'Allemand, à qui le destin forcené de Bonaparte, comme la barbare Révolution française, inspira une certaine admiration. Celle-ci est sensible dans l'attitude de Goethe et le résultat de leur entrevue :

« Vous êtes un homme, monsieur « Gouette. »

Stein et Scharnhorst le prirent au sérieux sans réserve — il y avait de quoi — et firent avec Blücher ce qu'il fallait pour avoir raison de lui. Ils le traitèrent sans humour et je suis certain qu'il leur en sut gré.

Si Bonaparte détestait Talleyrand, qui lui était d'ailleurs indispensable pour ses nouvelles visées, c'est qu'il sentait chez lui un grand sceptique, au courant de la société et des bons usages, un spectateur intéressé par le succès comme par la défaite et que le « phénomène » attirait.

Il a pour lui, dans sa correspondance, un ton spécial, vaguement reprocheur, comme par exemple après Eylau :

Eylau, 12 février 1807.

Monsieur le prince de Bénévent, je n'ai pas de nouvelles de vous depuis plusieurs jours. J'ai reçu les lettres de Constantinople et de Vienne que vous m'avez envoyée.

La perte de l'ennemi a été énorme. La mienne n'a été que trop considérable ; telle qu'elle est évaluée dans le bulletin, elle est plutôt exagérée qu'atténuée.

Je pense que vous avez envoyé le bulletin à Vienne et à Constantinople.

Le temps se met au dégel. Je me porte on ne peut pas mieux.
NAPOLÉON.

Cette meurtrière bataille d'Eylau, bien que victorieuse, venant après le triomphe d'Iéna sur la Prusse, l'avait affecté en tant que « père de ses soldats », comme le prouve cette lettre à Joséphine :

Eylau, 9 février, 3 heures du matin.

Mon amie, il y a eu hier une grande bataille ; la victoire m'est restée, mais j'ai perdu bien du monde ; la perte de l'ennemi, qui est plus considérable encore, ne me console pas. Enfin je t'écris ces deux lignes moi-même, quoique je sois bien fatigué, pour te dire que je suis bien portant et que je t'aime.
Tout à toi.

NAPOLÉON.

Et, quelques heures après, il écrit de nouveau à Joséphine :

Eylau, 11 février 1807, 3 heures du matin.

Je t'écris un mot, mon amie ; tu dois avoir été bien inquiète. J'ai battu l'ennemi dans une mémorable journée, mais qui m'a coûté bien des braves.
Le mauvais temps qu'il fait me porte à prendre les cantonnements.

Cette proclamation à la grande armée, du camp impérial de Tilsit (22 juin 1807), laisse deviner une certaine lassitude de ces troupes conduites de bataille en bataille par « la maligne influence de l'Angleterre », mises en vérité à toutes sauces. Car même envoûtés par leur chef victorieux et leur « père bien aimé », ces vaillants ne peuvent pas ne point remarquer le vide de ces explications et, par mille canaux hiérarchiques, le sourd mécontentement des généraux commence à arriver jusqu'à eux :

> *Soldats, le 5 juin nous avons été attaqués dans nos cantonnements par l'armée russe. L'ennemi s'est mépris sur les causes de notre inactivité. Il s'est aperçu trop tard que notre repos était celui du lion. Il se repent de l'avoir troublé.*
>
> *Dans les journées de Guttstadt, de Heilsberg, dans celle à jamais mémorable de Friedland, dans dix jours de campagne enfin, nous avons pris cent vingt canons, sept drapeaux, tué, blessé ou pris soixante mille Russes, enlevé à l'armée ennemie tous ses magasins, ses hôpitaux, ses ambulances, la place de Kœnigsberg, les trois cents bâtiments qui étaient dans le port, chargés de toute espèce de munitions, cent soixante mille fusils que l'Angleterre envoyait pour armer nos ennemis.*
>
> *Des bords de la Vistule nous sommes arrivés sur ceux du Niémen avec la rapidité de l'aigle. Vous célébrâtes à Austerlitz l'anniversaire du couronnement : vous avez cette année dignement célébré celui de la bataille de Marengo, qui mit fin à la guerre de la seconde coalition.*
>
> *Soldats, vous avez été dignes de vous et de moi. Vous rentrerez en France couverts de tous vos lauriers, et après avoir obtenu une paix glorieuse, qui porte avec elle la garantie de sa durée. Il est temps d'en finir et que notre patrie vive en repos, à l'abri de la maligne influence de l'Angleterre. Mes bienfaits vous prouveront ma reconnaissance et toute l'étendue de l'amour que je vous porte.*

Ce « repos du lion », sur la griffe détendue, a de l'allure, et l'homme de lettres se retrouve.

Vers le même temps (7 juillet 1807), Joséphine est prévenue que la reine de Prusse a dîné la veille avec le conquérant et a cherché, mais en vain, à obtenir de nouvelles concessions pour son mari.

Il lui manquait le fameux petit madras sur la tête :

« ... Elle est fort aimable... »

Le 18 juillet, elle est avertie de Dresde :

« Il se peut qu'une de ces belles nuits je tombe à Saint-Cloud comme un jaloux. Je t'en préviens. »

Il a raison de l'en prévenir. On ne sait pas — mais on le devine — ce qui, avec une Joséphine, peut arriver.

Le 10 octobre, l'Empereur écrit, enrhumé, d'Erfurt :

« Je suis content d'Alexandre (de Russie), il doit l'être de moi. S'il était femme, je crois que j'en ferais mon amoureuse. »

Tous ces bulletins, tous ces chiffres de prisonniers, toutes ces proclamations, vues et vus à vol d'aigle, ne donnent pas la raison de ces batailles, de ces coalitions faites, défaites et refaites, de ce prodigieux remue ménage et tohu-bohu, diplomatique et militaire, et de ces hécatombes, qui permettent à un génie militaire de s'affirmer, mais, en somme, ne vont nulle part. Le *Mémorial* est également muet là dessus. Il n'y a eu de la part de l'Empereur que deux explications : il apportait au monde la liberté, avec un grand L, cette découverte de la Révolution. Mais comme il l'anéantissait du même coup, cette liberté, la raison ne tenait pas et il l'abandonna assez vite.

Quant à l'explication par la malignité de l'Angleterre, nous avons vu ce qu'il faut en penser. Pour la campagne d'Égypte, il y avait eu l'explication par le développement des sciences, bonne pour les esprits académiques, fermée pour les autres et dont porte encore aujourd'hui témoignage, avec le meurtre de Kléber, l'obélisque de la place de la Concorde.

En fait, le but de Bonaparte, continué par celui de Napoléon, a toujours manqué de précision et c'est là le grand drame de sa destinée, d'avoir fait tuer tant de monde POUR RIEN. On croirait, d'après les historiens de sa vaine gloire, qu'il n'y a eu d'Arcole à Waterloo qu'une seule victime, lui-même, mort de chagrin et de la méchanceté d'Hudson Lowe à Sainte Hélène. Mais là n'est pas la vérité et l'Empereur s'en rendait bien compte quand il disait que, s'il disparaissait, le monde ferait « ouf !. »

Cet « ouf ! » éventuel est même peu !

Mais attention, le tableau change, le prestige charnel de Joséphine s'efface devant les besoins de la « dynastie » et la nécessité d'une grande politique de paix avec chair fraîche et légitime épouse dans le lit de l'Ogre, partagé entre le regret et son nouveau désir. La famille est convoquée.

On va tout savoir.

Déclaration lue par l'Empereur
le 15 décembre 1809

Mon cousin le prince archi-chancelier, je vous ai expédié une lettre en date de ce jour, pour vous ordonner de vous rendre tous dans mon cabinet afin de vous faire connaître la résolution que moi et l'Impératrice, ma très chère épouse, nous avons prise. J'ai été bien aise que les rois, reines, princes, princesses, mes frères et sœurs, beaux frères et belles sœurs, ma belle fille et mon beau fils devenu mon fils d'adoption, ainsi que ma mère, fussent présents à ce que j'avais à vous faire connaître.

La politique de ma monarchie, l'intérêt et le besoin de mes peuples qui ont constamment guidé toutes mes actions veulent qu'après moi je laisse à des enfants, héritiers de mon amour pour mes peuples, ce trône où la Providence m'a placé. Cependant, depuis plusieurs années, j'ai perdu l'espérance d'avoir des enfants de mon mariage avec ma bien aimée épouse l'Impératrice Joséphine ; c'est ce qui me porte à sacrifier les plus douces affections de mon cœur, à n'écouter que le bien de l'État, et à vouloir la dissolution de notre mariage.

Parvenu à l'âge de quarante ans, je puis concevoir l'espérance de vivre assez pour élever dans mon esprit et dans ma pensée les enfants qu'il plaira à la Providence de me donner. Dieu sait combien une pareille résolution a coûté à mon cœur mais il n'est aucun sacrifice qui soit au-dessus de mon courage, lorsqu'il m'est démontré qu'il est utile au bien de la France.

J'ai le besoin d'ajouter que, loin d'avoir jamais eu à me plaindre, je n'ai eu, au contraire, qu'à me louer de l'attachement et de la tendresse de ma bien aimée épouse : elle a embelli quinze ans de ma vie ; le souvenir en restera toujours gravé dans mon cœur. Elle a été couronnée de ma main ; je veux qu'elle conserve le rang et le titre d'impératrice, mais surtout qu'elle ne doute jamais de mes sentiments et qu'elle me tienne toujours pour son meilleur et son plus cher ami.

La blessure saigne, en voici la preuve :

Trianon, 19 décembre 1809, 7 heures du soir.

Je reçois ta lettre, mon amie. Savary me dit que tu pleures toujours ; cela n'est pas bien. J'espère que tu auras pu te promener aujourd'hui. Je t'ai envoyé de ma chasse. Je viendrai te voir lorsque tu me diras que tu es raisonnable et ton courage prend le dessus.

Demain toute la journée j'ai les ministres.

Adieu, mon amie ; je suis triste aussi aujourd'hui ; j'ai besoin de te savoir satisfaite, et d'apprendre que tu prends de l'aplomb. Dors bien.

Mais Bonaparte estime que l'argent panse toutes les plaies et il écrit à l'abandonnée :

Le 7 janvier 1810.
Dimanche, à 8 heures du soir.

J'ai été bien content de t'avoir vue hier ; je sens combien ta société a des charmes pour moi. J'ai travaillé aujourd'hui avec Estève. J'ai accordé 100 000 francs pour 1810, pour l'extraordinaire de la Malmaison. Tu peux donc faire planter tout ce que tu voudras ; tu distribueras cette somme comme tu l'entendras. J'ai chargé Estève de le remettre 200 000 francs aussitôt que le contrat de la maison Julien sera fait. J'ai ordonné que l'on paierait la parure de rubis, laquelle sera évaluée par l'intendance, car je ne veux pas de voleries de bijoutiers. Ainsi, voilà 400 000 francs que cela me coûte. J'ai ordonné que l'on tînt le million que la liste civile te doit, pour 1810, à la disposition de ton homme d'affaires, pour payer tes dettes. Tu dois trouver, dam l'armoire de la Malmaison, 5 à 600 000 francs ; tu peux les prendre pour faire ton argenterie et ton linge. J'ai ordonné qu'on te fît un très beau service de porcelaine ; on prendra tes ordres pour qu'il soit très beau.

Apparition de la nouvelle impératrice Marie-Louise, en route pour son destin :

> *Madame, j'espère que Votre Majesté recevra cette lettre à Bruneau et même au-delà. Je compte les moments, les jours me paraissent longs ; cela sera ainsi (sic) jusqu'à celui où j'aurai le bonheur de vous recevoir. Mon peuple partage mon impatience. J'ai dit que vous seriez une tendre mère pour les Français. Vous trouverez en eux, Madame, des enfants qui vous chérissent. J'espère que vous êtes bien persuadée de la vérité de mes affections ; vous ne pouvez rien désirer là dessus, mais il me tarde fort d'apprendre que vous les partagez. Croyez qu'il n'est personne sur la terre qui vous soit attaché et veuille vous aimer comme moi.*
>
> Napoléon.
Le 10 mars 1810.

... et peu de jours après :

> *Madame, j'ai reçu votre portrait. L'impératrice d'Autriche a eu l'attention de me le faire remettre. Il me semble y voir l'empreinte de cette belle âme qui vous rend si chère à tous ceux qui vous connoissent et justifie toutes les espérances que j'ai mis en Votre Majesté. Vous aimerez, Madame, un époux qui veut avant tout votre bonheur et dont les droits ne seront jamais fondés que sur votre confiance et les sentiments de votre cœur. Je pense que vous êtes bien près de la France et je vous attends avec bien de l'impatience.*
>
> Napoléon.
Paris, le 20 mars.

Napoléon a-t-il perdu, avec Joséphine, son gris-gris ? Après la pitoyable et inutile campagne d'Espagne de 1809, la campagne de Russie marque le commencement de la fin, et le fait que l'Empereur, inquiet peut-être de la conjuration Malet, ait abandonné son armée aux frimas et aux coups du général Hiver, pour revenir en toute hâte à Paris en compagnie de Caulaincourt, cette défection stupéfiante est d'un bien sinistre présage. De l'avis de toute la haute armée, le patron n'y est plus et il a perdu son ordinaire assurance. Cependant la proclamation de Borodino du 7 septembre 1812 (2 heures du matin) ne laissait encore deviner aucune défaillance.

> *Soldats, voilà la bataille que vous avez tant désirée ! Désormais la victoire dépend de vous : elle nous est nécessaire. Elle nous donnera l'abondance, de bons quartiers d'hiver et un prompt retour dans la patrie !*
>
> *Conduisez-vous comme à Austerlitz, à Friedland, à Vitebsk, à Smolensk, et que la postérité la plus reculée cite avec orgueil votre conduite dans cette journée ; que l'on dise de vous : Il était à cette grande bataille sous les murs de Moscou !*

La lettre que voici, datée du 16 septembre 1812, prouve que l'incendie de Moscou a porté un rude coup à l'optimisme impérial.

> *Mon amie, je t'ai déjà écrit de Moscou. Je n'avois pas l'idée de cette ville. Elle avait cinq cents palais aussi beaux que l'Elisé Napoléon, meublé à la françoise avec un luxe incroyable, plusieurs palais impériaux, des casernes, des hôpitaux magnifiques. Tout a disparu, le feu, depuis quatre jours, la consume. Comme toutes les petites maisons des bourgeois sont en bois, cela prend comme des halumettes. C'est le gouverneur et les Russes qui, de rage d'être vaincus, ont mis le feu à cette belle ville. Deux cent mille bons habitants sont au désespoir et dans la rue et misère. Il reste cependant assé pour l'armée qui a trouvé bien des richesses de toute espèce, car dans ce désordre tout est au pillage. Cette perte*

est immense pour la Russie ; son comerse en sentira une grande secousse. Ces misérables avoient poussé la précaution jusqu'à enlever ou détruire les pompes. Mon rhume est fini, ma senté est bonne. Adieu, mon amie. Tout à toi.

NAP.

Le désastre de la Bérézina, causé par le froid, le découragement et la fonte terrifiante de la cavalerie, n'est relaté qu'avec réticences par le Bulletin de la grande armée (*Moniteur* du 16 décembre 1812) dont voici un passage significatif :

> *Cette difficulté, jointe à un froid excessif subitement venu, rendit notre situation fâcheuse. Des hommes que la nature n'a pas trempés assez fortement pour être au-dessus de toutes les chances du sort et de la fortune parurent ébranlés, perdirent leur gaieté, leur bonne humeur, et ne rêvèrent que malheurs et catastrophes ; ceux qu'elle a créés supérieurs à tout conservèrent leur gaieté et leurs manières ordinaires et virent une nouvelle gloire dans des difficultés différentes à surmonter.* (Amère plaisanterie, de tour officiel.)
>
> *L'ennemi, qui voyait sur les chemins les traces de cette affreuse calamité qui frappait l'armée française, chercha à en profiter. Il enveloppait toutes les colonnes par ses Cosaques, qui enlevaient, comme les Arabes dans les déserts, les trains et les voitures qui s'écartaient. Cette méprisable cavalerie, qui ne fait que du bruit et n'est pas capable d'enfoncer une compagnie de voltigeurs, se rendit redoutable à la faveur des circonstances.*
>
> *... Cependant, l'ennemi occupait tous les passages de la Bérézina : cette rivière est large de quarante toises ; elle charriait assez de glaces et ses bords sont couverts de marais de trois cents toises de long, ce qui la rend un obstacle difficile à franchir. Le général ennemi avait placé ses quatre divisions dans différents débouchés où il présumait que l'armée française voudrait passer.*
>
> *Le 26, à la pointe du jour, l'Empereur, après avoir trompé l'ennemi par divers mouvements faits dans la journée du 25, se*

porta sur le village de Stoudzienka, et fit aussitôt, malgré une diversion ennemie et en sa présence, jeter deux ponts sur la rivière. Le duc de Reggio (Oudinot) passa, attaqua l'ennemi et le mena battant deux heures ; l'ennemi se retira sur la tête de pont de Borisof. Le général Legrand, officier du premier mérite, fut blessé grièvement, mais non dangereusement.

Toute la journée du 26 et du 27 l'armée passa.

Le 27 et le 28 août 1813, un sursaut d'espérance vient à l'Empereur qu'entoure déjà, surtout de la part de ses généraux, un immense doute.

Dresde, 27 août 1813.

Mon amie, je viens de remporter une grande victoire à Dresde sur l'armée autrichienne, russe et prussienne commandée par les trois souverains en personne. Je monte à cheval pour les poursuivre. Ma santé est bonne. Bérenger, mon officier d'ordonnance, a été blessé mortellement. Fais le dire à sa famille et à sa jeune femme. Adieu, mio bene. Je t'envoie des drapeaux.

NAP.

Ma bonne amie. Tu vois par les bultins les nouvelles. Papa François a eu le bon esprit de ne pas venir. L'empereur Alexandre et le roi de Prusse étoient à l'armée ; ils ont été bien battus et s'en sont retour (nés) en hâte. Ma senté est fort bonne. Adieu, mio bene.

NAP.

Mais franchissons les étapes, et lisons, comme il faut la lire, cette lettre, datée de Reims, le 14 mars 1814, au général Savary, ministre de la Police. Le ton en dément la chanson : Napoléon est certainement fort inquiet.

Reims, le 14 mars 1814.

Vous ne m'apprenez rien de ce qui se fait à Paris. Il y est question d'adresse, de régence, de mille intrigues aussi plates qu'absurdes, et qui peuvent tout au plus être conçues par un imbécile comme Miot. Tous ces gens là ne savent point que je tranche le nœud gordien à la manière d'Alexandre. Qu'ils sachent bien que je suis aujourd'hui le même homme que j'étais à Wagram et à Austerlitz, que je ne veux dans l'État aucune intrigue, qu'il n'y a point d'autre autorité que la mienne, et qu'en cas d'événements pressés, c'est la régente qui a exclusivement ma confiance. Le roi Joseph est faible ; il se laisse aller à des intrigues qui pourraient être funestes à l'État, et surtout à lui et à ses conseils, s'il ne rentre pas promptement dans le droit chemin. Je suis mécontent d'apprendre tout cela par un autre canal que le vôtre. Sachez que si l'on avait fait faire une adresse contraire à l'autorité, j'aurais fait arrêter le roi, mes ministres et ceux qui l'auraient signée. On gâte la garde nationale, on gâte Paris, parce qu'on est faible et qu'on ne connaît point le pays. Je ne veux pas de tribun du peuple. Qu'on n'oublie point que c'est moi qui suis le grand tribun ; le peuple alors fera toujours ce qui convient à ses véritables intérêts, qui sont l'objet de toutes mes pensées.

Napoléon.

Malgré de grands efforts et un génie militaire qui n'avait jamais été plus vif ni plus brillant, l'Empereur et l'Empire succombent à la coalition et les trois textes que voici se passent de commentaires. L'accent, dans ce naufrage, demeure cornélien : le farouche et terrible illusionné, l'homme aux constants mirages, est jusqu'au bout un grand écrivain, comme disait Alphonse Daudet, un « écrivain debout » :

Allocution à la vieille garde

*Cour du Cheval Blanc, à Fontainebleau,
3 avril 1814.*

Officiers, sous officiers et soldats de la vieille Garde ! L'ennemi nous a dérobé trois marches. Il est entré dans Paris. J'ai fait offrir à l'empereur Alexandre une paix achetée par de grands sacrifices : la France avec ses anciennes limites, en renonçant à nos conquêtes, en perdant tout ce que nous avons gagné depuis la Révolution. Non seulement il a refusé ; il a fait plus encore : par les suggestions perfides de ces émigrés auxquels j'ai accordé la vie et que j'ai comblé de bienfaits, il les autorise à porter la cocarde blanche, et bientôt il voudra la substituer à notre cocarde nationale. Dans peu de jours, j'irai l'attaquer à Paris, je compte sur vous...

(On garde le silence. L'Empereur reprend)

Ai-je raison ?

(Tout à coup partit un tonnerre de cris : « *Vive l'Empereur ! À Paris ! À Paris !* » On s'était tu, parce que l'on croyait inutile de répondre.*)*

Nous irons leur prouver que la nation française sait être maîtresse chez elle ; que, si nous l'avons été longtemps chez les autres, nous le serons toujours chez nous, et qu'enfin nous sommes capables de détendre notre cocarde, notre indépendance et l'intégrité de notre territoire !

Communiquez ces sentiments à vos soldats.

Ordre du jour

Fontainebleau, 5 avril 1814.

L'Empereur remercie l'armée pour l'attachement qu'elle lui témoigne, et principalement parce qu'elle reconnaît que la France est en lui, et non pas dans le peuple de la capitale. Le soldat suit la fortune et l'infortune de son général, son honneur et sa religion. Le duc de Raguse (5) *n'a pas inspiré ces sentiments à ses compagnons d'armes ; il est passé aux alliés. L'Empereur ne peut approuver la condition sous laquelle il a fait cette démarche ; il ne peut accepter la vie ni la liberté de la merci d'un sujet.*

Le Sénat s'est permis de disposer du gouvernement français ; il a oublié qu'il doit à l'Empereur le pouvoir dont il abuse maintenant ; que c'est l'Empereur qui a sauvé une partie de ses membres des orages de la Révolution, tiré de l'obscurité et protégé l'autre contre la haine de la nation. Le Sénat se fonde

---

5. — Le maréchal Marmont.

sur les articles de la Constitution pour la renverser. Il ne rougit pas de faire des, reproches à l'Empereur, sans remarquer que, comme premier corps de l'État, il a pris part à tous les événements. Il est allé si loin, qu'il a osé accuser l'Empereur d'avoir changé des actes dans la publication : le monde entier sait qu'il n'avait pas besoin de tels artifices ; un signe était un ordre pour le Sénat, qui toujours faisait plus qu'on ne désirait de lui. L'Empereur a toujours été accessible aux sages remontrances de ses ministres, et il attendait d'eux, dans cette circonstance, une justification la plus indéfinie des mesures qu'ils avaient prises. Si l'enthousiasme s'est mêlé dans les adresses et discours publics, alors l'Empereur a été trompé ; mais ceux qui ont tenu ce langage doivent s'attribuer à eux-mêmes la suite funeste de leurs flatteries. Le Sénat ne rougit pas de parler des libelles publiés contre les gouvernements étrangers ; il oublie qu'ils furent rédigés dans son sein. Si longtemps que la fortune s'est montrée fidèle à leur souverain, ces hommes sont restés fidèles, et nulle plainte n'a été entendue sur les abus du pouvoir. Si l'Empereur avait méprisé les hommes, comme on le lui a reproché, le monde reconnaîtrait aujourd'hui qu'il a eu des raisons qui motivaient son mépris. Il tenait sa dignité de Dieu et de la nation ; eux seuls pouvaient l'en priver ; il l'a toujours considérée comme un fardeau, et, lorsqu'il l'accepta, c'était dans la conviction que lui seul était à même de la porter dignement.

Le bonheur de la France paraissait être la destinée de l'Empereur. Aujourd'hui que la fortune s'est décidée contre lui, la volonté de la nation seule pourrait le persuader de rester plus longtemps sur le trône. S'il se doit considérer comme le seul obstacle à la paix, il fait volontiers ce dernier sacrifice à la France. Il a, en conséquence, envoyé le prince de la Moskowa et les ducs de Vicence et de Tarente (6) à Paris pour entamer les négociations. L'armée peut être certaine que son bonheur ne sera jamais en contradiction avec le bonheur de la France.

---

6. — Ney, Caulaincourt et Macdonald.

Acte d'abdication
de l'Empereur Napoléon

Les puissances alliées ayant proclamé que l'Empereur Napoléon était le seul obstacle au rétablissement de la paix en Europe, l'Empereur Napoléon, fidèle à son serment, déclare qu'il renonce, pour lui et ses héritiers, aux trônes de France et d'Italie, et qu'il n'est aucun sacrifice personnel, même celui de la vie, qu'il ne soit prêt à faire à l'intérêt de la France.

Fait au palais de Fontainebleau, le 11 avril 1814.

NAPOLÉON.

Adieux à la Garde

Fontainebleau, 20 avril 1814.

Soldats de ma Vieille Garde, je vous fais mes adieux. Depuis vingt ans, je vous ai trouvés constamment sur le chemin de l'honneur et de la gloire. Dans ces derniers temps, comme dans ceux de notre prospérité, vous n'avez cessé d'être des modèles de bravoure et de fidélité. Avec des hommes tels que vous, notre cause n'était pas perdue. Mais la guerre était interminable ; c'eût été la guerre civile, et la France n'en serait devenue que plus malheureuse. J'ai donc sacrifié tous nos intérêts à ceux de la Patrie ; je pars. Vous, mes amis, continuez de servir la France. Son bonheur était mon unique pensée ; il sera toujours l'objet de mes vœux ! Ne plaignez pas mon sort ; si j'ai consenti à me survivre, c'est pour servir encore à votre gloire. Je veux écrire les grandes choses que nous avons faites ensemble ! Adieu, mes enfants ! Je voudrais vous presser tous sur mon cœur ; que j'embrasse au moins votre drapeau !...

À ces mots, le général Petit, saisissant l'aigle, s'avance. Napoléon reçoit le général dans ses bras et baise le drapeau. Le silence que cette grande scène inspire n'est interrompu que par les sanglots des soldats.

Napoléon, dont l'émotion était visible, fait un effort et reprend d'une voix ferme :

> *Adieu encore une fois, mes vieux compagnons !*
> *Que ce dernier baiser passe dans vos cœurs.*

La suite des événements, l'île d'Elbe, le Retour, Waterloo et l'embarquement pour Sainte Hélène sont trop connus pour que j'y revienne et parachèvent une destinée à la fois glorieuse et funeste… glorieuse pour celui qui la portait, avec une énergie surhumaine, funeste pour le pays qu'il entraînait, chaud encore de la tourmente révolutionnaire et comme fasciné.

Un mémorialiste raconte que, dans la soirée précédant Waterloo, l'Empereur, vaincu d'avance et comme à bout de nerfs, mais faisant contenance, parcourut une dernière fois les bivouacs. Dans l'un il goûta les pommes de terre cuites sous la cendre, et, comme pour lui-même, murmura :

« C'est bon, c'est très supportable, on aurait pu vivre ainsi. »

Il eût en effet embêté moins de monde, mais il ne dormirait pas aujourd'hui sous la coupole dorée des Invalides…

Vanitas vanitatum, et *omnia vanitas*.

CONCLUSION

La Fièvre, le Délire et l'Hémorragie

Cent cinquante ans après 1789, et dans un ébranlement général dont nous ne pouvons prévoir les suites, il est facile au contraire de dresser un tableau synoptique de la Révolution dite des Droits de l'Homme et de la fulgurante carrière de Bonaparte, fils de cette même Révolution. Je m'y suis efforcé en m'aidant des principaux travaux de langue française publiés depuis soixante ans et qui ont remis les choses au point, notamment en ce qui constitue la Terreur, Robespierre, le rôle de la Sûreté générale et la courbe napoléonienne qui va d'Arcole à Waterloo

Cette Histoire est un drame très cohésif, dont toutes les parties se tiennent et s'enchaînent. Drame religieux et philosophique, auquel succède une guerre civile d'une effroyable férocité que l'intervention d'un soldat conquérant transporte au dehors, sur les champs de bataille de l'Europe. Balzac avait bien vu qu'il existe une pathologie et une clinique des peuples et nations comme il en est des individus. Il suffit d'attendre, avec la collaboration du temps, que s'en soient dégagées les grandes lignes.

À beaucoup de Français, à quatre générations de Français, on a fait croire que la Révolution de 1789 avait apporté la civilisation et à ce qu'on appela un progrès, une révélation celle de la personnalité humaine, et un bienfait la liberté. C'est une erreur grossière, dont l'ambition a fait un mensonge.

Le christianisme a transformé la personnalité humaine par la charité, dont la « fraternité » révolutionnaire est la caricature. Quant à la liberté, elle est l'émanation de la conscience et un idéal toujours poursuivi, jamais atteint.

Mouvement des foules et de l'instinct, la Révolution, maladie et fléau, s'est incarnée dans deux hommes : Robespierre et Bonaparte. Ce dernier a revendiqué à plusieurs reprises cette généalogie politique. Puis le cours des événements l'a amené à se convaincre qu'il était quelque chose de plus que « Robespierre à cheval » et il est entré, sans doute sous l'influence de Talleyrand, dans les projets dynastiques que l'on connaît.

Comme Robespierre, sous une autre forme, il a couru après un mirage, qui devait le conduire à Sainte Hélène, celui de Robespierre l'ayant conduit au 9 thermidor et à l'échafaud.

La Révolution de 1848 est une réduction de celle de 1789, de même que le Second Empire est une réduction du premier. L'aboutissement est le même, et Sedan copie Waterloo.

C'est le Waterloo d'un imbécile.

Du 4 septembre 1870 à nos jours, la Révolution est entrée dans cette forme torpide qu'on appelle la démocratie parlementaire et qui est le régime des assemblées.

Par son impréparation militaire la démocratie a valu à la France la guerre de 1914-1918 et une nouvelle invasion de quatre ans. Beaucoup, et nous sommes de ceux là, commencent à trouver qu'en voilà assez.

La Révolution a fait deux illustres victimes dans les personnes du prince des poètes, André Chénier et du prince des savants, Lavoisier. La démocratie — Maurras l'a remarqué — est en train d'en faire une troisième qui est la France. Nous en avons la preuve manifeste dans la baisse constante de la natalité, mal inflexible auquel on ne cherche même plus de remède et que l'on se contente de constater.

Les derniers défenseurs du régime démocratie qui jadis a tué la Grèce, la mieux douée de beaucoup des nations antiques, s'efforcent d'établir démarcation entre ce régime et la démagogie. Cette démarcation n'existe pas. Au point de vue de l'Enseignement, de la Défense nationale, du tonus moral, des finances et de l'économie du pays, des démocratie et démagogie partent des mêmes causes pour aboutir aux mêmes effets.

Il faut ou lutter contre elles et leur commune source révolutionnaire, ou périr.

Nous avons montré la Révolution telle qu'elle fut, son produit, Bonaparte, tel qu'il fut et d'après ses textes. Nous n'avons avancé aucun fait sans apporter la preuve et notre exposé est, en tous points, de notoriété historique. Il ne s'agit pas ici d'un pamphlet. Le ton peut être parfois vif, mais un fils qui voit tuer sa mère sous ses yeux et célébrer cet assassinat, cette profanation, comme une merveille d'intelligence et d'humanité, ne saurait contenir sa légitime colère et ménager les bourreaux. Il faut d'ailleurs distinguer, parmi ceux ci, les inconscients, les demi-conscients, et les conscients ; c'est ce que nous avons fait.

La révolution russe, la révolution espagnole ont été copiées sur la révolution de 1789. Les mêmes excès, les mêmes abominations, les mêmes fièvres vaines, les mêmes hécatombes les ont marquées. Elles s'éclairent réciproquement et plus les années passent, plus cette ressemblance ou, mieux, cette filiation s'accentueront.

Pendant tout le XIXe siècle a couru cette explication de la Révolution de 1789 qu'elle était une réaction de la Gaule autochtone envahie contre l'envahisseur franc. Ainsi s'expliquaient ses fureurs par d'immenses injustices accumulées au cours des âges, confirmant à l'aide de textes juridiques une expropriation initiale. L'esprit des lois, pour employer le langage de Montesquieu, n'était ainsi qu'une lente acclimatation à l'esclavage. La simplicité de cette thèse en fit le succès et Drumont, lui-même, l'avait en partie adoptée comme contrefort à l'invasion juive.

Mais notre plus grand historien Fustel de Coulanges, le Thucydide français, la réfuta, et sans réplique, dans son magistral ouvrage *les Institutions politiques de l'ancienne France*. Il y démontra, textes en mains, que l'invasion franque avait été en fait une infiltration, un lent amalgame, si ce n'est une véritable absorption et les travaux de Camille Jullian ont confirmé cette explication.

En même temps, Fustel de Coulanges, dans une page célèbre, condamnait sans appel la démocratie.

TABLE DES MATIÈRES

Chapitre   I. — Causes et origines de la révolution de 1789 9

—   II. — Sur les hommes de la révolution en général. 25

—   III. — Vedettes et Hommes secrets 45

—   IV. — La Patrie en danger 63

—   V. — Foules et Dictateurs 83

—   VI. — Autour de Thermidor 99

—   VII. — Robespierre seul avec lui-même 127

—   VIII. — L'enchaînement de la légende révolutionnaire 137

—   IX. — Genèse et formation d'une idole 161

—   X. — L'assassinat du Duc d'Enghien 187

—   XI. — Une caricature de la Monarchie 195

Conclusion. — La fièvre, le délire et l'hémorragie 223

Mission des Juifs

Joseph Alexandre Saint-Yves, né le 26 mars 1842, à Paris et mort le 5 février 1909 à Pau, est un érudit, poète et écrivain français. Saint-Yves définit la Synarchie comme la *«loi qui, étant celle de l'organisation normale des Sociétés, est du même coup la loi de l'Histoire»*, France vraie. Il était membre de l'Union de la Paix sociale, une des institutions fondée par Frédéric Le Play. En octobre 1882, il tint une conférence sur la Synarchie au Congrès international d'arbitrage et de fédération de la Paix à Bruxelles. Il chercha ainsi jusqu'en 1883 à réaliser un Sénat de petits États européens pour en faire une Cour d'arbitrage entre les nations européennes. En 1884, il publie la *Mission des Juifs* qui reprend le cadre historique de l'Histoire philosophique du genre humain de Fabre d'Olivet (empire de Ram, schisme d'Irshou, histoire d'Israël,...) et s'étend sur soixante-quatorze siècles d'expériences antérieures à la Chrétienté. Cet ouvrage, fort remarqué dans le milieu occultiste, lui valut de rencontrer le Dr. Gérard Encausse, alias Papus. Saint-Yves ne s'est cependant jamais regardé comme un occultiste : *«La vérité est qu'il n'y a pas de sciences occultes, car ce qui est scientifique cesse d'être occulte, et ce qui est occulte cesse de l'être en devenant scientifique.»* Mission des Juifs.

Tome I, 384 pages : ISBN-13 : 9798580239262
Tome II, 338 pages : ISBN-13 : 9798580716084

Mission des Français

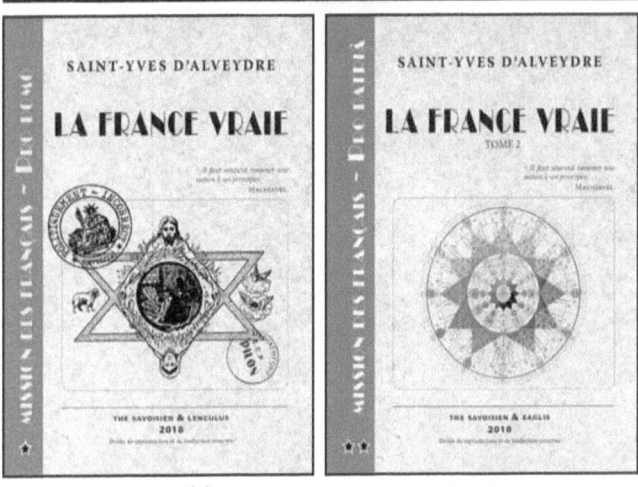

Il faut souvent ramener une nation à ses principes.
Machiavel.

À MA FEMME JE DÉDIE "LA FRANCE VRAIE"

Comme mes Missions, ce livre est né en moi d'une double influence.

L'une remonte à mon premier ami, Frédéric-Auguste de Metz, membre de l'Institut ; l'autre est ma femme.

C'est grâce à la sainte paix de l'esprit, de l'âme et de la vie qu'elle m'a donnée, que j'ai pu résumer mes travaux et aimer assez l'Humanité pour oser les publier.

Si ces livres me survivent, s'ils font à ma patrie et à toutes les nations le bien que j'ai souhaité, que les noms de ma femme et de Frédéric-Auguste deMetz en soient seuls bénis.

Tout ce que mes livres peuvent renfermer de bon et de bienfaisant me vient d'eux, tout ce qu'ils contiennent d'imparfait vient de moi.

Saint-Yves d'Alveydre.

Tome I, 214 pages : ISBN-13 : 9781648582295
Tome II, 350 pages : ISBN-13 : 9781648582301

Retrouvez toutes nos publications
sur les sites

- vivaeuropa.info
- the-savoisien.com
- pdfarchive.info
- freepdf.info
- aryanalibris.com
- aldebaranvideo.tv
- histoireebook.com
- balderexlibris.com

Librairie Excommuniée Numérique CULUS (CUrieux de Lire des Usuels)

www.ingramcontent.com/pod-product-compliance
Lightning Source LLC
LaVergne TN
LVHW091538060526
838200LV00036B/655